幼儿园审美立德教育的实践探究

汪培 —— 著

华东师范大学出版社
·上海·

目　录

序

在中国传统文化中，"美"与"德"总是联系在一起，成为每个人毕生的价值追求。《论语》中也将"尽善尽美"，作为评价事物最美好最令人向往的状态。2023年底时，我参加了这本书的前身——市级课题《审美立德——幼儿园美术审美教育的德育价值探究》的结题展示，当时我就觉得"眼前一亮"。

其一，是因为它紧紧抓住了时代赋予我们的教育使命——立德树人。2022年教育部印发的《幼儿园保育教育质量评估指南》就明确强调，幼儿园全面贯彻党的教育方针，落实立德树人根本任务，遵循幼儿发展规律和教育规律，坚持保育教育结合，以游戏为基本活动，不断提高幼儿园办园水平和保教质量。简单来说，就是进一步强化了落实立德树人根本任务，清晰地阐释和回答了幼儿教育"培养什么人、怎样培养人、为谁培养人"的根本问题，而这一研究就是要将"立德树人"的根本任务落实到幼儿教育实践中。

其二，便是"美"与"德"的结合，既体现我们中国传统教育哲学思想，又梳理出许多可以在幼儿园去实践运用的经验，既是传承也是创新。就像鲁迅先生所言："美术可以辅翼道德，美术之目的，虽与道德不尽符，然其力足以渊邃人之性情，崇高人之好尚，亦可辅翼道德以为治。"①

读完全书，我形成了三个主要印象：

问题导向，立意高远。这本书主要用两个关键问题"美术审美何以立德?"和"美

---

① 来源于《儗播布美术意见书》，是鲁迅的早期文章，最初发表于1913年2月《教育部编纂处月刊》第一卷第一册上，后收进《鲁迅全集》（人民文学出版社1958年出版）。

术审美如何立德?"来架构起整体的逻辑体系,分别指向理念和实践,而这两个问题应该也是所有读者最感兴趣的话题,所以能够很好地以问题为导向带领大家去阅读和思考。此外,尽管美育、德育的相关主题在学前领域已经有了不少的实践尝试,但"以美育德,以德致美"的融合研究确实不多见。这本书无论是对幼儿园美育还是德育研究,都提供了一个非常独特又有价值的视角。

过程扎实,积累丰富。本书的成形是一个研究积淀的过程。据我了解,从一开始的区级重点课题《走近艺术大师——基于美术欣赏与表现的幼儿审美课程的实践研究》再发展至后来的市级课题《审美立德——幼儿园美术审美教育的德育价值探究》,历经七年多的研究时间。这本书虽然不厚,但还是可以从精练的观点、丰富的案例中看到老师们扎实的研究过程和丰厚的积累。本书以王国维和蔡元培先生的教育思想为理论基础,厘清了审美立德的内涵和内在机制,强调从美术审美中挖掘与创设德育价值。同时,建构起审美立德的实践路径,即在目标建构中明确"立什么德",在内容筛选中寻找到"以何立德"的载体,如借助中国艺术大师及其作品等。在此基础上,形成"渗透模式"和"专题模式"两种实施方式,促进幼儿审美素养和道德品质的共同发展。

团队智慧,跨校联动。我最为触动的,是书中许多一线老师们生动有趣又充满了教育智慧的实践案例。要知道,"审美立德"这个研究命题,对老师们自身的人文素养、专业能力都提出了较高的要求,也存在着较大的研究难度。但是,让人惊喜的是,在这七年多的研究历程中,整个团队也在不断成长、壮大,甚至实践的场域也从锦绣幼儿园逐步拓展到了冰厂田幼儿园,实现了不同园所间课程文化的有机融合,一定程度上也拓展了幼儿园审美立德教育的实践内涵。这个过程,不仅是成就幼儿园高质量教育发展的过程,更是成就教师素养全面发展的过程,当然,最后一定会成就我们每一个幼儿的发展。

当前,我国正大力推进教育强国和教育现代化建设,这一历史进程对包含幼儿教育在内的整个教育体系的高质量发展提出了更高要求。在这一整体背景下,"立德树人"的根本任务究竟如何在幼儿园落实,是目前整个学前领域都非常关注的问题。从这个角度出发,"审美立德"这一研究的主题在当前具有重要意义。更为重要的是,在这一点上,汪培园长和她的团队找到了很好的突破点,抓住了美育是情感教育、全人教育的特点,从审美出发挖掘德育要素,进行恰当引导,通过有目的的德育活动开展审美教育,也让活动更有美感更富诗意,在幼儿心里种下了追求美与德的种子。

　　我们在读这本书的时候,不仅是去学习和借鉴老师们的实践经验,更能读到一种教育创新的精神,最重要的是,感受到"真善美"的种子是如何在这样美好的教育环境中播种到每个孩子纯朴的心灵中去的,这样才是真正读出了这本书的"味道"。同时,也期待,每一位教师都能够以美育人、因材施教、启智润心、立德树人。

纪明泽

上海市教师教育学院

前　言

本书《幼儿园审美立德教育的实践探究》是本人所主持的两个科研项目的教育成果:其一是 2017 年立项的浦东新区区级重点课题《走近艺术大师——基于美术欣赏与表现的幼儿审美课程的实践研究》[①],在这个课题中提到了艺术界享有盛誉的中外艺术大师和儿童是天生的艺术家之小小"大师"之间的自然互动与表现创作;其二是 2021 年立项的市级一般课题《审美立德——幼儿园美术审美教育的德育价值探究》[②],侧重小小"大师"在感知欣赏中国艺术大师的作品过程中,以立德为目标,以审美为路径,在潜移默化中培养审美素养和道德情操。

这两个课题都是围绕幼儿园的艺术审美而开展的。在个人职业生涯中近 7 年的时间内,依托艺术审美教育领域,不断探索和钻研其内涵和深意,不仅丰富了实践者对审美教育的理解,而且深化了实践者对学前教育的认知。

一、艺术审美

在人类的精神世界中,真善美是永恒的价值追求。其中,"真"指代的是客观规律,给人以理性;"善"象征的是人文情怀,给人以温暖;"美"代表的是愉悦体验,给人以品位。"真"和"善"对于人类社会的意义和价值,不言而喻。其实,人类需要审美

---

① 该课题立项号为 A22,是 2017 年立项的上海市浦东新区区级重点课题,课题组成员:李立、郑玉娟、许瑛、黄淋苓、黄炆烨、戴雯雯、潘静超、杨洋、章璐、顾佳茵。

② 该课题立项号为 C2021367,是 2021 年度上海市教育科学研究项目一般课题,课题组成员:郑玉娟、李立、陈晓红、黄淋苓、黄炆烨、潘静超、杨洋、瞿婷婷。

实践,需要培养审美素养,因为"真"和"善"并非人类认识、理解和改造世界的全部。人类审美素养的提升,不仅是人们对自己生命境界提升的主观需要,也是人类文明进步的客观要求,在解决某些人类面临的根本性问题中,审美素养往往会起到关键性和决定性的作用。

具体到教育领域,不同国家和地区的实践框架几乎不约而同地依循"真善美"而定:既有数学科探的理性探究,也有语言社科的人文浸润,更有文学艺术的审美熏陶。由此可见,美育的教育价值举足轻重,不可或缺。美育发展人的感性能力,使人保持活泼的生命力和创新的动力,培养人的感性和理性能力协调发展,从而促进人的全面发展。

基于此,我在推进幼儿园内涵建设的过程中,围绕"以美育人"的价值理念,依托艺术大师及其艺术作品,拓展场域,从校园到家庭和社区,策划和组织丰富的、多元的、适宜的、有意义的活动;在活动中,不仅仅关注幼儿审美认知与经验的习得,更为重要的是关注幼儿自身对艺术作品的审美感受与体验,对内心真实情感理解的审美表达与表现,充分尊重幼儿的主体性地位,基于儿童视角理念选择和开展审美活动,以此培养幼儿的审美素养。

《走近艺术大师——基于美术欣赏与表现的幼儿审美课程的实践研究》课题深入、全面地呈现了这一阶段的实践探究。

二、审美立德

立德树人是教育的根本任务。习近平总书记在 2018 年全国教育大会上明确阐述了教育的根本任务,即要把立德树人融入思想道德教育、文化知识教育、社会实践教育各环节,贯穿基础教育、职业教育、高等教育各领域,学科体系、教学体系、教材体系、管理体系要围绕这个目标来设计,教师要围绕这个目标来教,学生要围绕这个目标来学。这意味着新时代的教育实践都应当着眼于"立德",这就要求人们首先应当梳理清楚各种教育实践与"立德"的关系。

于是,我们不禁反思:审美与立德、美育与德育究竟是什么关系呢?在反复思考的过程中,我们不仅找到了理论依据,还洞悉了实践的可能性。

从学理逻辑上看,王国维和蔡元培的教育思想深入探讨了美育与德育的逻辑关系和互动机制,强调美育具备独立性,更为德育提供了最重要的学理基础——"善端"。他们认为审美可以使人们接触到世界之本体,领会"万物一体"的境界,从而使

"感性大我"得以自觉,为衡量行动的善恶提供了价值尺度。这就为"审美"以"立德"的实践探究奠定了理论基础。

从实践现状上看,我们发现,幼儿美术审美教育活动中蕴含着诸多的德育内涵和实践契机,但受限于教师审美立德意识和能力的缺失——特别是意识的缺失,导致审美之中应用的德育内涵没有得到有效的挖掘和彰显。

于是,审美立德的研究方向逐渐清晰,审美立德的研究焦点也逐渐明朗:审美为什么可以立德? 审美怎么立德?

《审美立德——幼儿园美术审美教育的德育价值探究》顺利立项,随后在专家、领导的关心下有序推进,并成功结题。研究不仅有效推动了美术审美教育的进一步深化,带动教师和幼儿的共同成长,而且沉淀了审美立德的规律性成果和实操性方案。

需要说明的是,在课题开展的过程中,我经历了工作单位的调动。这样的调动并未阻断本研究的开展,反而带动了更多的人员参与、更多的实践基础和更多的视角建构。读者朋友也可以在书中发现,文中的案例分别来自浦东新区锦绣幼儿园和浦东新区冰厂田幼儿园。作为课题的主持人,我衷心感谢两所幼儿园的参与老师们,特别是冰厂田教育集团理事长姚健老师、冰厂田幼儿园课程与师资发展中心主任皇甫敏华老师、现任锦绣幼儿园园长俞昕馨老师,同时也衷心感谢对课题和我本人给予厚爱与支持的领导和专家们,上海市特级教师、正高级教师、教育部基础教育教学质量评价指导专委会委员纪明泽;上海市教育科学研究院普通教育研究所研究员黄娟娟;上海市托幼协会副会长周洪飞;华东师范大学教育哲学博士梁磊;上海市浦东教育发展研究院王丽琴、曹鑫、傅敏敏老师;等等。

当我再次读到美学理论家滕守尧先生的观点:"美育引导感性趋向理性,有助于外在的道德规范内化为个体内在的'善';同时美育引导理性回归感性,则有助于作为实践理性的内在的'善'趋向个体感性欲求、意向的融合,从而构成伦理意志的自由选择",我想我可以跟我亲爱的同事们说:"我们为这一理论阐述,给出了最为丰实的、生动的、来自幼儿园实践的演绎和诠释。"

限于自身专业水平和科研素养,本书不免挂一漏万,不当之处,期待读者们不吝赐教!

汪　培

第 一 章

审美立德的概念内涵与逻辑关联

　　进入新时代的中国教育改革发展,"立德树人"作为教育根本任务的意识和理念已经得到清晰且明确的界定和贯彻。习近平总书记在 2018 年全国教育大会上明确要求,要把立德树人融入思想道德教育、文化知识教育、社会实践教育各环节,贯穿基础教育、职业教育、高等教育各领域,学科体系、教学体系、教材体系、管理体系要围绕这个目标来设计,教师要围绕这个目标来教,学生要围绕这个目标来学。凡是不利于实现这个目标的做法都要坚决改过来。在中共中央政治局第五次集体学习时,习近平总书记再一次强调,要"以立德树人为根本任务,以为党育人、为国育才为根本目标,以服务中华民族伟大复兴为重要使命,扎实推进教育强国建设",这意味着新时代的教育实践都应当着眼于"立德",要求我们应当梳理清楚各种教育实践与"立德"的关系。为此,我们深入实践,着重探究了审美立德这一命题。

　　所谓审美立德,即立足于幼儿园美术审美教育实践,发掘其中的德育价值,彰显审美教育的德育功能。为了实现预期的目标,我们必然要厘清审美与立德的内涵、美育与德育的关联,进而探究两者之间的互动机制,切实丰富立德树人的实践路径,充实美术审美教育的实践内涵。

第一节　什么是审美

　　审美立德,即基于审美、依托审美、通过审美,实现立德的目的。审美是实践的主线和载体,那么,我们首先厘清审美的内涵、审美与美育的关联、艺术与美育的关系等,从而为实践的推进奠定认知基础。

一、审美与美育:美育的内涵

在人类的精神世界中,真善美是永恒的价值追求。"真"指代的是客观规律,给人以理性;"善"象征的是人文情怀,给人以温暖;"美"代表的是愉悦体验,给人以品位。中国明朝时期著名的文学家、思想家和教育家寇准(字子真),在《后村书》中首次提出了"真善美"三个字,他认为人们的行为应当追求真、善、美三个方面,即要有真实、诚信的品德,要追求善良、仁爱的行为,同时也要拥有美好、完整的灵魂境界。

人类需要审美实践,需要培养审美素养,因为"真"和"善"并非人类认识、理解和改造世界的全部。人类审美素养的提升,不仅是人们对自己生命境界提升的主观需要,也是人类文明进步的客观要求,对解决某些人类面临的根本性问题,审美素养往往会起到关键性和决定性的作用。

什么是审美呢? 所谓审美,是"基于美,又指向美"的社会活动和心理活动,是人们自然而然的本能性行为。所谓"基于美",即对美的感知、欣赏、想象和理解;"指向美"即对美的创造、表现。

在实践中,很多时候,人们分不清审美和美育的区别,或者不着力于区分两者。其实,两者确实有千丝万缕的关系,所谓美育即审美教育,美育也是一种"基于美,又指向美"的教育活动。所谓"基于美",强调的是美育的手段和工具,是指美育就是一种审美实践活动。换句话说,美育的过程就是审美的过程,两者不可断然分开。

那么,美育中的"指向美"强调的是美育的目的和指向,具体是什么意思呢? 我们发现,已有的研究对"美育"的定义并不统一,历史上的定义之所以出现分歧,究其根源,就是大家对于"指向美"的理解不同。本研究摘取几种,进行阐述。

(一)美育是美学理论的教育

美育主要是对受教育者进行美学理论和普及美学知识的教育,通过这种教育来提高人们的美学素养和审美文化水平。这种定义方式中的"指向美",指向的是美学理论和美学知识。

（二）美育是艺术教育

美学是关于艺术的科学，它的研究对象主要是艺术，作为美学理论的具体实践和最后归宿的美育，自然是艺术教育。美育一般当作艺术教育的同义语，因为美育主要是通过艺术的手段来进行的。

我们可以看到这一定义将"指向美"界定为艺术教育，美育最终指向艺术素养或艺术技能的获得。

（三）美育是情感教育

我国近现代著名教育学家蔡元培强调，美育者，应用美学之理论于教育，以陶养感情为目的者也。这个概念将美学理论与教育相结合，并指出美育的目的是陶养感情，后来的很多研究者都认可这一说法，把美育的本质归结为情感教育。美育是以陶冶感情，培养情操为特征，以生动形象为手段，通过富有个性爱好的自由形式，潜移默化，促进人的全面发展的一种教育形式。

将美育的本质归结为"情感教育"的基本思想，就将"指向美"厘定为：培养人的崇高情感。

（四）美育是形象教育

美育实际上就是一种形象教育。实施美育的确要借助形象，无论是自然美育、社会美育还是艺术美育都离不开具体生动的形象。离开了生动可感的美的形象，美育就不称其为美育了。

这一定义充分论证了"基于美"的内涵，但是也相对粗暴地将"指向美"聚焦于感官性状之美，不免略显单薄，并且有"途径和手段的价值化"的错位嫌疑。

（五）美育应强调道德教育

丁家桐在《谈美育》中强调，应充分看到美的典型和美的境界在德育实施过程中的陶冶作用和它的诱导力量。滕守尧在《论审美能力的构成与培养》一文中认为，美"总是指某种浸透着人类崇高的精神境界的形成"。美育以多样化的审美媒介对个体产生影响，强调的是感官、心灵的领悟和精神的愉悦，是自由的情感交流，没有德育的强制性，正是这种自由动情、超越功利的美育，在很大程度上有助于德育。美育引导感性趋向理性,有助于外在的道德规范内化为个体内在的"善";同时,美育引导理性回归感性,有助于作为实践理性的内在的"善"趋向个体感性欲求、意向的融合,从而构成伦理意志的自由选择。同样,德育也有助于美育,正是借助融入伦理性的审美媒介,美育才具有净化情感,塑造人格的作用。美育与德育是互补而又互相渗透的,在教育体系中都具有不可取代的地位。

这一定义的逻辑思想是"审美立德"的理论基础。很明显,它将"指向美"聚焦于人格的健全、情感的丰满和道德的完善。

上述几种定义,较为典型地阐释了美育的内涵,可能有分歧,但是也为我们深入理解美育,提供了丰富的视角。综上所述,我们可以得出一个共识:美育是一种独特的、高度实践化的教育活动。

第一,从教育内容来看,美育高度依赖于美的事物和元素,包含了美学理论的教育、审美能力的培养、艺术技法的教育等方面。随着美育日益渗透到生活领域,美育和社会生活的界限越来越模糊,对社会实践的参与和观察,对社会生活中的美的发现和领悟,对自然美和艺术美的欣赏和感悟,都将成为美育的重要抓手和实践内容。

第二,从教育路径来看,美育以审美为特殊手段,有机渗透于审美实践活动之中。具体而言,美育本来就不单是单纯的理论,它更注重应用、注重实践。作为一种审美的实践活动,美育强调的是对美的创造和美的规律的把握,渗透在艺术、社会生活等各个领域。

需要强调的是,美育本质上也是一种情感教育,基于美的事物的感知,建构审美理解,联动审美经验,激发审美情感,从而产生愉悦的审美体验。因此,在美育过程中,有效激发审美主体的情感体验,是一条重要原则。

第三,从教育目的来看,美育依托于美的事物、美的元素、美的技能、美的能力,最终指向的是人格的完善,即人的思想、情感、行为和道德四个方面的完善。美育以多样化的审美媒介,激活人的直观感知,发展人的感性能力,使人保持活泼的生命力和创新的动力,培养人的感性和理性能力协调发展,从而促进人的全面发展,人格的完善。

综上所述,关于美育内涵的研究,对审美立德的实践启发是:一方面,从美育的内容和路径看,美育的过程就是审美实践、感知美的过程,艺术大师及其作品是自然美、社会美、艺术美的凝练和集中体现,是开展审美实践的重要载体,也是开展审美教育的有力抓手;另一方面,从美育的目的和指向看,审美与立德具有天然的关联,密不可分,需要我们基于实践,进一步厘清两者互动关联的机制。

二、美育与艺术：美育的途径

在很多实践者的潜意识中，美育已经被当作艺术教育的同义词。当然，诸多的理论研究，也会把美育定义为艺术教育。

其实，我们梳理文献就可以发现：美育和艺术的千丝万缕的关联，可以归结为一句话：艺术教育是开展美育最基本、最主要、最重要的途径。这一认知，其实是从美的不同形态对美育进行的划分。自然美、社会美和艺术美都是提高审美修养，获得美育的重要手段。其中，艺术美是现实美，即自然美和社会美的提炼。所以，艺术美的教育比自然美和社会美的教育更具优越性，表现为形象的教育与伦理道德教育的直接统一。因此，艺术教育就成为实施美育最重要的途径。

当然，除了美的不同形态，对于美育途径的划分还有很多不同的维度。

（一）按人的成长过程划分为家庭、学校和社会美育

把美育的途径分为家庭美育、学校美育和社会美育，以近代教育家蔡元培为代表。蔡元培先生在《美育实施的方法》里提出按人们受教育的范围将美育分为家庭教育、学校教育、社会教育，三者互相联系，互相促进。

后来，还有人把自然美育列入美育途径之中，与学校、家庭、社会美育并列。将自然美育单独列出，与学校、家庭、社会美育相并列，这种做法的意义在于看到了自然美育在美育途径中的独特性，并加以强调。

（二）分为各种审美形态的美育、景观美育和校园文化的美育

把美育途径分为各种审美形态的美育，优美、崇高、悲剧、喜剧，景观美育和校园文化的美育。杜卫的《美育论》在介绍了美育的方法论原则之后，论述了各种审美形态的美育，景观美育和校园文化的美育等具体的美育方法和意义。从美学的角度看，审美基本形态分为优美、丑陋、崇高和滑稽。杜卫选择了从优美、崇高、悲剧、喜剧滑稽等对人生具有积极意义且教育价值较高的审美形态进行论述。此外，把景观美育也列为美育途径，这里的景观不同于自然美，它分为自然景观和人文景观，不仅是纯粹的审美教育，还包括了人文精神和科学精神的教育，因此，比自然美的范畴更大，蕴含的内容也更为丰富。校园文化的美育如校园环境、校园生活与其他著作中学校美育的论述差别不大，所不同的是增加了大众文化对校园美育的冲击，更具时

代感,更贴近现实生活。

(三)从艺术体系、文化类型、自然风光和现代都市看美育途径

著名美学家张法将审美主体带入了具体的文化情境中,把美育分别放置在艺术体系、文化类型、自然风光和现代都市之中。从美育的途径来说,各种艺术形式的美育使人增加了艺术理论知识,学会了欣赏;各门类文化类型的美育,使人了解了古代丰富灿烂的文化,增长了知识;自然风光中的美育,使人亲近自然、感悟自然;现代都市中的美育,使人了解都市的景观特点和历史文化。

综上所述,关于审美教育途径的研究,对本研究的启发在于:

一是,艺术教育是实施美育最重要的途径,因为艺术美是现实美,即自然美和社会美的提炼,所以艺术美的教育比自然美和社会美的教育更具优越性。

二是,美育包含了美学理论的教育,审美能力的培养,艺术技法的教育等方面,美育日益渗透到生活领域,美育和社会生活的界限越来越模糊,对社会实践的参与和观察,对社会生活中的美的发现和领悟,都将成为美育的一部分。因此,审美教育应当基于校园,同时要突破校园的束缚,充分利用社会资源开展审美教育,且延伸到家庭美育。

除此之外,审美教育是审美情感教育,因此审美教育应当基于具体、生动的感官形象,着重唤起人们的情感认同和共鸣。当然在这个过程中,认知对于情感唤起,起着举足轻重的作用。

三、我们的美育:幼儿美育的目标指向

本研究中的美育指的是幼儿园美术审美教育活动,即通过美术欣赏与表现开展美育的实践,具体而言,我们基于儿童视角的幼儿园课程实践理念,尝试以"艺术大师"为载体,关注中国艺术大师名画名作中所蕴含的审美元素,根据幼儿的审美感受(包括审美感知和审美想象)、审美表现(包括审美体验和审美阐释)要素,通过环境创设、名画欣赏、参观展馆、艺术创意、幼儿画展的课程实施,给予和支持幼儿艺术鉴赏、艺术创作和艺术讨论,激发幼儿的兴趣,促进幼儿审美素养发展的教育活动。

参考幼儿园课程目标的编制原理,幼儿园教育目标的设置需要综合考量学科背景和幼儿年龄特点,我们在开展美术审美教育的目标建构时遵循以下思路。

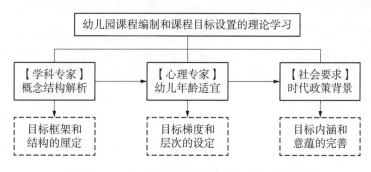

图 1-1-1　幼儿园美术审美教育的目标建构路径

（一）美育的目标来源

首先,教育目标的建构应当基于学科逻辑下的概念结构。换言之,美育目标的建构应当基于美育的内涵结构。

审美课程区别于其他的课程,自然应该有它的独立性、突出特点和侧重性。基于幼儿的生活经验、当前感兴趣的内容,以"艺术大师"为载体,关注中国艺术大师名画名作中所蕴含的审美元素(色彩、线条、形状、图案、表现形式、特色风格、内容主题、中国元素、传统文化、中华民族精神),根据幼儿的审美感受(包括审美感知和审美想象)、审美表现(包括审美体验和审美阐释)要素,通过环境创设、名画欣赏、参观展馆、艺术创意、幼儿画展的课程实施,支持幼儿艺术鉴赏、艺术创作和艺术讨论,从而促进幼儿对日常生活和多元作品审美的兴趣和能力发展。

（二）美育的目标审视

基于教育对象年龄特点的审视,是教育目标建构的必要环节。学前教育的独特性决定了幼儿园课程目标的确立需要更多地考虑幼儿的年龄特点。在课程目标的具体化和细化过程中,我们充分考虑了不同年龄阶段的幼儿的心理特征。

为此,我们依据《幼儿园教育指导纲要(试行)》及《3—6岁儿童学习与发展指南》"艺术"领域中"感受与欣赏""表现与创造"的目标,制定审美教育活动目标。

具体而言,幼儿美育应当引导幼儿接触周围环境和生活中美好的人、事、物,丰富他们的感性经验和审美情趣,激发他们表现美、创造美的情趣;特别应当关注艺术教育,在艺术活动中面向全体幼儿,要针对他们的不同特点和需要,让每个幼儿都得到美的熏陶和培养;同时,提供自由表现的机会,鼓励幼儿用不同艺术形式大胆地表达自己的情感、理解和想象,尊重每个幼儿的想法和创造,肯定和接纳他们独特的审美感受和表现方式,分享他们创造的快乐。

(三)美育的目标体系

本研究在设置幼儿审美教育活动目标的过程中,立足于艺术大师,聚焦于幼儿的审美感受与审美表现,贯彻《3—6岁儿童学习与发展指南》中的精神,初步建立了有层次的、可操作的幼儿美术审美教育活动的目标框架体系。

表 1-1-1 幼儿美术审美教育活动的目标

总目标		
喜欢欣赏自然环境、社会生活和艺术作品的美,愿意与他人分享自己的观察体验;愿意了解艺术大师的故事、主要作品,能感受多种多样的艺术风格和形式,愿意大胆地用语言、肢体、表征等方式表达自己的审美感受;喜欢探索纸、泥、自然物、生活物等各种材料,参与美术欣赏、美术创意活动,并大胆想象与表现自己的作品,参与布置环境和美化生活。		
目标维度		审美目标
感受与欣赏	喜欢自然界与生活中美的事物。	喜欢欣赏大自然和生活环境中美的事物,倾听、感受声音、色彩、形态等特征,乐于收集美的物品和与他人分享美的事物,乐于模仿和联想。
	喜欢欣赏多种多样的艺术形式和作品。	喜欢鉴赏不同风格、形式多样的中外艺术作品,愿意了解中国艺术大师的故事,能关注色彩、线条、形状、内容、主题、中国元素、传统文化、民族精神等审美元素,愿意大胆地用语言、肢体等方式表达自己的审美感知和审美想象。
表现与创造	喜欢进行艺术活动并大胆表现。	喜欢探索纸、泥、自然物、生活物等各种材料和剪刀、彩笔、毛笔、颜料等绘画工具,喜欢参与美术欣赏、美术创意活动,乐意独自或合作用绘画、书画、捏泥、手工等多种方式表达自己的感受和想象。
	具有初步的艺术表现与创造能力。	愿意用自己的方式表现生活中和假想中的人、物、事,有想象力和创造力,并愿意布置环境和美化生活。
年龄段	幼儿园各年龄段具体目标	
小班	1. 喜欢欣赏自然中的花草树木、日月星空等美景美物。 2. 愿意欣赏绘画、泥塑、抽象画、中国画等各种艺术形式的中外艺术大师作品。	

年龄段	幼儿园各年龄段具体目标
	3. 愿意经常涂涂画画、粘粘贴贴，喜欢进行艺术欣赏与体验活动。 4. 愿意尝试用简单的线条和色彩、材料和工具，运用画、折、剪、贴等方法大胆表现自己想画的人或事物。
中 班	1. 能欣赏自然界和生活环境中美的事物，关注其色彩、形态等特征。 2. 能够欣赏中外艺术大师作品，有模仿和参与的愿望，并愿意分享自己的感受。 3. 乐意欣赏书画、泼墨、撕贴、滴画、泥塑、编织等多种表现方式的艺术大师作品，愿意大胆联想和表达情绪情感。 4. 喜欢使用各种材料（纸、泥、自然物、生活物等）和美术工具（书画、雕刻等）进行绘画、捏泥、手工制作、书画来表现自己的所见所想。 5. 乐意欣赏中国元素的艺术作品，感受和体验书画乐趣和民族精神，愿意大胆想象创作，并向同伴和他人表达作品的内容。
大 班	1. 乐于收集美的物品，或向别人介绍所发现的美的事物。 2. 喜欢观赏不同艺术风格的大师作品，有多元文化的意识，并乐意了解中国大师的人文故事，感受高尚情感、传统美德、人文精神等优秀传统文化。 3. 乐意在艺术欣赏时用表情、动作、语言等方式表达自己的理解，并和别人分享交流自己喜爱的艺术作品和美感体验。 4. 能用多种工具、材料或不同的表现手法（水墨、油画、泥塑等）独立表达自己的感受和想象。 5. 愿意在艺术活动中与他人相互配合，合作完成艺术作品。 6. 能用自己制作的美术作品布置环境、美化生活。

第二节 什么是立德

伴随着改革开放，我国经济、政治、军事、科技等各领域取得了举世瞩目的成就。随后，推动文化教育的快速发展就成为民族振兴和国家崛起的逻辑必然。

基于此，党的十八大报告明确提出："全面贯彻党的教育方针，坚持教育为社会主义现代化建设服务、为人民服务，把立德树人作为教育的根本任务，培养德智体美全面发展的社会主义建设者和接班人。"对教育方针的内容进行了新的丰富和发展，第一次在党的重要报告中提出了"把立德树人作为教育的根本任务"的要求。后续，在党的十九大、二十大报告中,也分别从不同角度再次强调了立德树人的任务、价值和实践要求。

"立德树人"的提出,具有里程碑式的重要意义,这是在对中国教育深刻反思的基础上提出来的,是充分考虑未来经济社会发展形势后提出来的,体现了教育的本质要求,明确了教育的根本使命,符合教育规律和人才培养规律,它将引领包括学前教育在内的中国教育,在今后相当时期内的基本方向。

因此,立德树人是逻辑的必然,也是历史的趋势。本研究将从教育学和心理学视角,辨析立德树人的内在逻辑和价值内涵。

一、幼儿道德的培养:教育学视角中的德育

自古以来,道德教育都被视为教育学研究的核心话题。对于教育与德育之间的关系,德国教育学家赫尔巴特做了非常全面的阐释,提出了"教学的教育性原则"。

首先,从教育的目的论来看,和绝大多数教育思想家一样,赫尔巴特强调教育是以道德的养成为最高目的的,教育必须形成学生一定的道德品质和道德观念,使之成为"完善"的人;

其次,就教育的方法论而言,赫尔巴特提出了"教育性教学原则",即知识与道德之间有直接和内在的联系,教育(道德教育)只有通过教学才能产生实际作用,教学是道德教育的基本途径,换言之,教育教学实践应当而且必须注重和凸显道德教育。

我们可以看到,赫尔巴特不承认有"无教学的教育",同样也反对"无教育的教学",教学如果没有进行道德教育,只是一种没有目的的手段。相反,道德教育(或者品德教育)如果没有教学,就是一种失去了手段的目的。因此,教育实践与道德教育紧密相连,密不可分。

(一)教育目的论中的道德教育

所谓教育目的论,即从价值判断的层面,分析教育的愿景和追求。道德教育是教育的必然目的。

在教育学界,关于"教育"的定义多种多样,可谓仁者见仁、智者见智。一般来说,得到较为广泛的认同的"教育"概念是:有意识的,以影响人的身心发展、培养人为目的的,在一定社会背景下发生的促进个体的社会化和个体化的实践活动。狭义

层面的"学校教育"概念,对教育本质特征的呈现更加明确:教育者根据一定社会(或阶级)的要求,有目的、有计划、有组织地对受教育者的身心施加影响,把他们培养成为一定社会(或阶级)所需要的人的活动。

简言之,教育是培养人的社会实践活动,这是教育的质的规定性。它反映了教育的本质,体现了教育的特征,规定了教育的宗旨。从以上概念的界定中,我们可以看出,教育与其他社会活动的不同,就在于"培养人",即对人的发展施以主观倾向性的影响。

培养人的社会实践活动,自然要明确"为谁培养人""培养什么人""怎样培养人"的根本问题。从这一视角来看,不难发现,教育所承担的基本宗旨和职责是:对社会知识、文化的传递以及在此基础上对人的培养,并通过培养人来维持人的生存、发展和社会服务。而道德规则是社会知识和文化的重要内容。因此,将德育视为教育的重要目的,是教育的逻辑必然。

此外,从历史的角度梳理教育的发展历程、考察教育的发展事实,我们也可以发现:德育作为教育的目的,也是历史的必然。

作为东西方教育史上首屈一指的教育思想家,无论春秋战国时代的孔子,还是古希腊的柏拉图,对后世教育发展的影响巨大。他们都对教育做过明确且近乎雷同的界定:教育是培养社会人才,服务政治需要的社会活动。尤其柏拉图更加明确地指出,教育属于国家所有,国家要控制教育,通过教育培养所需要的人才,以实现"理想国"的政治预期。

这种教育思想,在文艺复兴后的 19 世纪,得到了充分的践行。各个国家为了充分发挥教育振兴民族、发展社会的重要作用,纷纷把教育纳入国家活动之中,用立法手段保证国家对教育的影响与控制,用行政手段发展公立学校,确立国民教育制度,以实现国家对教育的干预与管理。这就是世界教育发展史所呈现出的"教育国家化趋势"。

第二次世界大战之后,全世界对学前教育的发展给予了前所未有的关注力度。各国政府通过加大财政投入和教育立法,承担起了更多发展学前教育的责任。学前教育更多地由一种家庭的职能和权利转变成了国家的职能和权利。

这种学前教育国家化趋势的背后,实质上是学前教育承载了更多的国家使命和社会功能。实践反复证明了,学前教育与社会相互影响,彼此制约,不可分割。一方面学前教育深受社会、政治、经济、文化的制约,另一方面学前教育承担着重要的社会功能。

当前,我国正在基于中华优秀传统文化的传承,积极培育和践行社会主义核心价值观:富强、民主、文明、和谐,自由、平等、公正、法治,爱国、敬业、诚信、友善。历史的发展告诉我们,学前教育必须与此保持一致,并且积极承担起发扬和践行社会主义核心价值观的使命。

(二)教育方法论中的道德教育

所谓教育方法论,即从技术操作的层面,分析教育的路径和方法。道德教育如果没有教育教学,就是空中楼阁,必然导致价值落空。

围绕道德教育的方法论,诸多学者开展了深入的探究。目前为止,幼儿德育生活化成为世界范围内幼儿园实现幼儿德育发展的基本理念和必然途径。"德育生活化"这一概念最早出现在我国20世纪90年代华东师范大学张华教授的《论道德教育向生活世界的回归》中,他基于对传统德育的批判,提出德育生活化并使之逐渐成为我国研究德育的重点。

所谓幼儿德育生活化,强调以幼儿的生活为基础,其德育的内容取材于幼儿的具体生活,遵循幼儿的身心发展规律,德育的方式应符合幼儿特点的自主探索、发现式学习,将幼儿的德育领域覆盖其整个生活环境,最终实现幼儿在自由状态中的成长与发展①。

根据所得文献分析,研究者们对于德育生活化的研究主要集中于目标、内容、方法、途径、评价方式等方面。

1. 对德育生活化目标与内容的研究

德育生活化是在批判传统德育的基础上提出的,研究者们提出这一理论的原因主要是他们认为德育的内容脱离生活实际,其主要表现为内容缺乏可感性、现实性、时代性以及层次性。大多学者在其研究中表明,德育的内容应该取自幼儿的生活实际,以生活为素材,而德育的理论知识是在生活实际中概括出来的。同时,他们也强调教育者应该把握住德育的契机,抓住生活与德育结合的切入点。刘良超从"生活需要什么样的道德"出发,强调德育的内容并不是追求知性的"高、大、全",而是来自日常生活之中;道德是影响并引导个体与他人、群体、社会、国家等之间关系的协调

---

① 秦雪娇.幼儿德育生活化问题研究——以重庆市某乡镇为例[D].南充:西华师范大学,2019.

行为规范,德育生活化则是强调学生的私德及公德。

刘佳在其研究中表明,现下德育的内容过于教条,致使德育的内容存在于一种抽象的理论中,无法进行道德教育实践,最终出现言行分离甚至出现有言无行的情况。所以,虽然德育生活化早在本世纪初就已经有学者提出,但是实践的效果并未得到有效改善,其主要原因还是在于教育者对德育生活化内容的认识不清,导致在教学过程中教师无法将抽象的道德知识还原于生活实际,根植于受教育者的已有经验。

2. 对德育生活化方法的研究

强调受教育者的亲身实践是广大研究者较为认同的观点,也是德育生活化的必经之路。在过去的德育方法中,教育者以封闭、保守的方法对受教育者实施道德教育,为了避免此种错误的观点,有学者表示实践是道德发展的载体,应根据受教育者的特点因材施教,盲目的单一论都达不到德育的结果,他们强调被教育人的情感体验。另外,学者陈俊在研究中表示,传统的德育方法具有局限性,其中将德育与知识教育相混淆,将受教育者视为容器,用直接灌输的方法导致其结果偏离德育的目标。因此,他提出了“情感激励-情绪体验法、随意-隐形教育法、榜样示范-及时强化法”等德育的新方法来让受教育者能够更大限度地回归生活,实现生活德育的价值。德育生活化的方法应根植于受教育者的立场,将他们的具体情况放在首要位置,因材施教,德育的方法逐渐由传统的德育方式转向新的德育方法,改变之前的封闭、压服、保守的德育方式,向开放、引导、创新的德育方式前进。

3. 对实现德育生活化领域的研究

选择合适的路径才能更好地实现德育生活化的目标。从已有的研究分析发现,要实现德育生活化应该将幼儿放在主要的位置,还应在道德教育过程中探索德育的目标引领生活、主体投身生活实际、内容联系生活、方法贴近生活、领域覆盖生活及评价指向生活等各方面的内容,这才是德育生活化最佳的途径。

在具体实施方案中,生活德育的主体是幼儿,幼儿生活的范围主要是幼儿园、家庭及社区,且这三者所营造的环境氛围对幼儿的德育有着良好的导向作用。

生活无处不在。有研究表明,良好的生活德育环境包括三方面:一是整合校园内部各层级之间的力量,创造温馨美好的校园生活环境;二是创设家长学校,帮助幼儿家庭营造美好的家庭生活环境;三是与社区建立良好的关系,帮助营造和谐的社区生活环境。综上所述,实现幼儿德育生活化应依据幼儿生活实际,其生长的各方面则都是在德育生活化的主体之上进行的,教育者要达到德育目标应根据所教育主体的实际情况,因势利导,合理应用。

二、幼儿道德的发展:心理学视角中的德育

自裴斯泰洛齐首倡"教育心理学化"以来,"教育应当基于心理学的研究"就成为人们的共识。从教育的角度来看,所谓教育是培养人的社会实践活动。教育与其他社会活动的不同,就在于"培养人",即对人的发展施以主观倾向性的影响。培养人的社会实践活动,面向的对象自然是人,那么,了解并尊重个体的发展特点和规律,就成为开展教育教学的必然。尤其学前教育,"教育者应更多地关注个体儿童的发展水平",更大程度地"适宜儿童发展"——这是由学前期幼儿的身心发展特点决定的。

心理学围绕"道德的发展"开展了诸多的研究,为道德教育的开展提供了有益的参照依据。

(一)皮亚杰的道德认知发展理论

作为建构主义的代表人物,皮亚杰深刻揭示了个体认知发展的规律和特点。皮亚杰基于建构主义认知理论,从儿童的社会认知发展的趋势,揭示了儿童道德发展的趋势:品德的发展与儿童认知的发展是一致的,总体趋势是由他律向自律转变,共分为三个阶段:

1. 第一阶段:前道德阶段(出生—3岁)

处于这个时期的幼儿还不懂什么是规则,不能分清怎样是公正,他们对于问题的思考都是以自我为中心的。由于他们的道德品质发展具有直观性的特点,故他们的行为易冲动,按照自己的想象去支配结果,道德认知不守恒。

2. 第二阶段:他律道德阶段或道德实在论阶段(3—7岁)

在这一阶段,主要有以下几个特点:第一,他们绝对遵从年长的人,尊重规则,并把规则看作是固定的。第二,根据后果来判断好坏,而不会考虑行为动机。第三,看

待行为有绝对化的倾向,这一阶段的儿童对于行为的判断要不就是完全正确,要么就是完全错误,不会换位思考。第四,赞成惩罚本身,认为既然受惩罚就说明本身就是坏的。

3. 第三阶段:自律道德或道德主观主义阶段

这一阶段的主要特点:第一,这一时期儿童认识到规则是可以根据人的意愿改变的。第二,在作行为判断时,不仅只考虑行为后果,还会考虑行为动机。第三,儿童能较好地评价自己和他人。第四,会换位思考,判断不再绝对化。第五,对于惩罚的提出具有补偿性,更能直接地针对所犯的错误。

(二)科尔伯格的道德发展阶段论

科尔伯格是美国儿童发展心理学家,他继承并发展了皮亚杰的道德发展理论,着重研究儿童道德认知的发展,提出了"道德发展阶段"理论,在国际心理学界、教育界引起了很大反响。

科尔伯格强调,道德教育的目的是促进幼儿道德判断能力的发展。他围绕儿童道德认知发展的阶段性,创造性地采用了"道德两难法"来探究儿童道德认知规律,所谓"道德两难法"即道德两难故事问答讨论法,就是在道德两难故事讨论中,启发儿童积极思考道德问题,从道德冲突中寻找正确的答案,以有效地发展儿童的道德判断力。通过大量的研究,科尔伯格提出了三水平六阶段理论。

1. 前习俗水平(0—9岁)

这一阶段儿童的道德观念是纯外在的。他们为了免受惩罚或获得奖励而遵从权威人士的行为准则。这一水平包含两个阶段:

第一阶段为惩罚与服从取向。他们根据后果来判定行为的好坏,好的行为就会获得奖励,不好的行为就会受到惩罚。

第二阶段为相对功利取向。他们评定行为的好坏主要是依据是否符合自己的利益。

2. 习俗水平(9—15岁)

这一水平的儿童有了维护社会秩序的欲望,为了获得赞赏或者维护社会秩序而服从准则。这一水平也有两个阶段：

第三阶段：好孩子取向。为了避免非议、赢得赞赏，他们会尊重多数人的意见，希望被人看作是好孩子。

第四阶段：权威和社会秩序取向。这一阶段的儿童判断人的行为的好坏以是否符合社会秩序为准则。

3. 后习俗水平(15 岁以后)

这一水平的儿童的道德行为主要由社会责任和道德准则来支配，道德标准已内化为道德命令。这一水平分为两个阶段：

第五阶段：社会契约取向。这一阶段的人认为法律是为了使人们能和谐相处，是反映大多数人意愿的，是一种社会契约。

第六阶段：原则或良心取向。这一阶段的人们认为应该运用适合各种情况的道德准则和原则作为道德判断的标准，背离了个人选择的道德原则就会产生内疚感。

（三）埃里克森人格发展八阶段理论

在当代心理学界，对道德发展这个概念各持不同的见解。影响较大的有两个学派，除了以皮亚杰为代表的认知心理学派，还有以弗洛伊德为代表的精神分析学派。精神分析学派的重要代表人物是埃里克森。埃里克森强调，人的发展源自本能和自我意识的发展，而自我和社会环境的相互作用、个体和他人的交互作用共同塑造了身心的发展。具体而言，个体在生命的每个阶段都要面对一种特有的发展危机或矛盾，危机的解决标志着前一阶段向后一阶段的转化。一旦某一阶段的特征危机得到积极解决，那这个人的人格中就形成一种美德。美德是某些能够为一个人的自我增添力量的东西。他把自我意识的形成和发展过程划分为八个阶段，这八个阶段的顺序是由遗传决定的，但是每一阶段能否顺利度过却是由环境决定的，所以这个理论可称为"心理社会"阶段理论。

埃里克森的人格终身发展论，提出了不同的教育理论与内容以适应每一个阶段的发展，并指出任何一个阶段的失败都将对人的一生产生消极影响。

1. 第一阶段"婴儿前期(0—2 岁)"：基本信任和不信任的心理冲突

在这个阶段的婴儿，由于刚来到世上，什么也不懂，对成人有较大的依赖，如果周围人能以温暖友爱的方式满足他们的需要,他们就会形成信任感。而当他们的需要得到拒绝时,婴儿就会形成不信任感。

2. 第二阶段"婴儿后期(2—4岁)":自主与害羞和怀疑的冲突

这一阶段,婴幼儿大多学会了爬、走、抓、放等技能。他们慢慢能"随心所欲"地决定自己做什么,不做什么。这时也是第一反叛期出现的阶段,即形成了儿童的意愿与父母意愿相冲突的矛盾。

3. 第三阶段"幼儿期(4—7岁)":主动对内疚的冲突

在这一阶段,如果冲突得到完美解决,就会形成美德;如果不能成功地解决,就会形成自卑感。幼儿在这一阶段能更好地运用语言和想象力,这些使得幼儿萌发出思想、行为和对未来的憧憬。

这里简述到以上三个阶段。如果儿童在前三个阶段的冲突都能得到积极的解决,就获得了希望、意志和目的这三个积极的美德。其中,埃里克森把"意志"定义为:"不顾不可避免的害羞和怀疑心理而坚定地自由选择或自我抑制的决心。"

综上所述,国外有关幼儿道德发展的心理学研究很丰富,将幼儿道德发展划分为不同的年龄阶段,并且将每一个阶段的发展特点和道德发展水平都解释得很到位。简而言之,幼儿期道德品质的发展有其固有的特点与表现,主要体现在以下几个方面:

首先,幼儿道德发展的具体性。幼儿的思维特点具有直观性、具体性的特点,决定了幼儿的道德表现具体性。

其次,幼儿道德发展的他律性。"他律"就是以他人的价值标准作为道德判断标准。幼儿还不了解到底怎样做才符合社会道德的标准,所以在他们的眼中,只要父母和老师肯定的就是对的,父母和老师批评的就是错的。

再者,幼儿道德发展的模仿性。幼儿道德的发展主要受到成人榜样的影响,社会媒体也是很重要的一方面。

最后,幼儿道德发展的情绪性。幼儿道德的发展受到情绪的影响,不受理智控制,在各方面活动中难以控制住自己的情绪,表现出很强的情绪色彩。高兴时听话,表现很乖;不高兴时,什么也听不进去,情绪很不稳定,容易受到外界环境的影响。

三、我们的德育实践：幼儿德育的目标指向

教育是有目的的，学前教育也是如此。作为一种教育样态或途径，幼儿园开展指向审美立德的教育活动是落实教育目的的重要途径，使幼儿园教育的特定价值能在课程中得以体现和践行。

本研究所探究的审美立德，即依托审美实践，实现德育价值。换言之，审美活动是一种工具和载体，它承载和传递着德育价值，具体表现为德的认知、德的情感、德的行为等。

（一）德育的目标来源

参考幼儿园课程目标的编制原理，幼儿园教育目标的设置需要综合考量学科背景和幼儿年龄特征。

首先，教育目标的建构应当基于学科逻辑下的概念结构。换言之，德育目标的建构应当基于德育的内涵结构。

具体而言，关系建构法是解构德育概念、厘定德育目标框架的一种思维模式。所谓关系建构，是指以个体为中心，与各个方面发生关系，寻找出人和世界中的基本关系系列。据此，本研究拟从"人与自己""人与他人""人与社会（世界）"等维度，建构幼儿德育的目标框架。

这一目标框架也在诸多文献中得到了充分运用，已成为描述德育目标的惯用体系。以往的研究成果显示，幼儿园德育是以幼儿认知发展水平为基础，以社会主义核心价值观为依据，幼儿园教师与幼儿在活动中共同建构行为准则，培养幼儿的积极情感态度、行为习惯和良好性格，培育幼儿价值观念的过程——其中包含了三个层面的目标指向：思想政治教育、道德品质和文明行为的教育、心理健康的教育，恰好一一对应了"人与社会（世界）""人与他人""人与自己"这三个维度的内涵。

（二）德育的目标审视

与其他各级各类教育不同，学前教育应当"更多关注幼儿的发展"。这就要求我们要坚持以幼儿的身心发展特点来审视和厘定教育目标。学前幼儿的身心发展特点决定了德育的目标应当定位于启蒙性。

我们深入学习《幼儿园工作规程》《幼儿园保育教育质量评估指南》等政策文件，

特别是为深入贯彻国家教育政策方针,指导幼儿园和家庭实施科学的保育和教育,促进幼儿身心全面和谐发展而颁布实施的《3—6 岁儿童学习与发展指南》,更加切实地遵循幼儿的发展规律和学习特点,细化了不同年龄段幼儿的发展目标期望,分别对 3—4 岁、4—5 岁、5—6 岁三个年龄段末期幼儿应该知道什么、能做什么,大致可以达到什么发展水平提出了合理期望,并基于此提供了一些能够有效帮助和促进幼儿学习与发展的教育途径与方法。

具体而言,幼儿社会领域的学习与发展主要包括人际交往与社会适应。前者指向"如何与人友好相处,如何看待自己、对待他人"等;后者指向"在积极健康的人际关系中建立安全感和信任感,发展自信和自尊,在良好的社会环境及文化的熏陶中学会遵守规则,建立基本的认同感和归属感"。

(三)德育的目标体系

本研究所探究的审美立德,即通过美术审美活动所承载和传递的德育价值。党的十八大以来,"立德树人"被确立为教育的根本任务。习近平总书记在 2018 年全国教育大会上明确阐述了立德树人的根本任务:"要把立德树人融入思想道德教育、文化知识教育、社会实践教育各环节。"

为此,本研究在设置德育目标的过程中,基于原有课程目标,以上海市学前教育目标和课程目标为纲,深入贯彻《3—6 岁儿童学习与发展指南》中的精神,初步建立了有层次的、可操作的、指向审美立德的美术审美教育活动的幼儿德育活动目标框架体系(详见 1-2-1)。

表 1-2-1　幼儿指向审美立德的美术审美教育活动中的德育目标

总目标		
培养诚实、自信、好问、友爱、勇敢、爱护公物、克服困难、讲礼貌、守纪律等良好的品德和行为习惯;在温暖、关爱、平等的集体生活氛围中,建立积极和谐的亲子关系、同伴关系,尊敬师长,友爱同伴;学会生活,养成自己的事情自己做的习惯和活泼、开朗的性格;萌发幼儿爱父母长辈、爱老师同伴、爱集体、爱家乡、爱党爱国的情感。		
目标维度		德育目标
人与自己	认识和喜欢自己,有积极的情感态度和行为表现。	认识和发现自我价值,诚实、自信、好问、勇敢,有自尊、自主、自强的表现。

（续　表）

目标维度		德育目标
	有自我成长和发展的意识，理解生命的重要性。	理解生命意义和人生价值，养成健康文明的行为习惯和生活方式，坚韧乐观，自律、自信、自爱。
人与他人	愿意与人交往，能与同伴友好相处。	文明礼貌、友爱同伴、诚信友善、宽和待人，能尊重、接纳不同的人。
	能关心与尊重他人。	孝亲敬长，有感恩之心，乐于合作，团结协作。
人与社会（世界）	遵守基本的行为规范，有社会一员的意识与行为表现。	处理好自我与社会、自然的关系，热爱并尊重自然，具有绿色生活方式和服务社区的行为。
	具有初步的归属感，爱国爱党的情感。	有国家意识，认同国民身份，具有文化自信，尊重、热爱和传承中华优秀传统文化和社会主义先进文化。
	了解世界和平的意义。	尊重世界多元文化的多样性和差异性，萌发人类命运共同体的意识。
年龄段		幼儿园各年龄段具体目标
小　班		1. 初步具备自我保护的意识，为自己的良好行为感到高兴，愿意自己的事情自己做。 2. 愿意向熟悉的人问候，愿意和大家一起活动，并在成人的提醒下，尊重、关心、感谢他人，对集体规则有遵守的意识和行为表现。 3. 亲近自然，爱护植物和动物，以及生活中玩具等其他物品，有自己是班级、家庭和社区一员的归属感，萌发爱家庭、爱集体、爱社区的情感。
中　班		1. 知道自己的优点和长处，能独立做事、友好相处和解决问题，初步理解生命和死亡的意义。 2. 喜欢与人交往，愿意照顾家人和朋友，能关注他人的情绪，懂得感谢、尊重和关心他人。 3. 热爱自然，能照料小动物和爱护身边的环境，懂得节约资源和保护环境。 4. 能感受社区、城市和祖国的美丽景象，萌发爱家乡爱祖国的情感。
大　班		1. 具有自尊、自信、自主的表现，能主动结交朋友，愿意分享快乐或有趣的事。 2. 愿意与不同人分享交流，能接纳、尊重和理解别人，懂得平等、真诚、友善待人。 3. 愿意主动承担任务，能提供力所能及的帮助，坚持做好事，为大家服务。 4. 有良好的文明礼仪，孝顺父母、尊敬长辈，懂得感恩。 5. 热爱并尊重自然，有绿色生活的态度和行为。 6. 喜欢中华优秀传统文化，有爱党爱国的情感和行为。 7. 愿意感知和了解多元的世界，萌发人类命运共同体的意识。

第三节　审美和立德的关联是什么

　　本研究中的审美立德是指深化幼儿园美术审美教育的立德功能、发掘审美教育的德育价值。具体而言,审美立德是指在幼儿园美术审美教育活动的实践中,渗透德育元素,强化德育价值。

　　审美立德即在幼儿园美术审美教育活动中的德育价值及其实现策略,那么,这一命题中隐含了两个重要话题:一是美术审美何以立德;二是美术审美如何立德。前者着力于梳理二者之间的逻辑关系,即幼儿园美术审美教育中的美育与立德之间存在什么关系,为何要基于审美实现立德? 后者着力于现实措施的探究和实践机制的构建,即如何做才能在幼儿园美术审美的教育活动中,推动立德任务的实现?

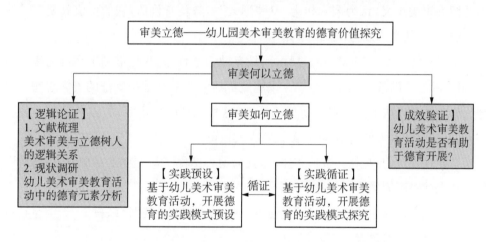

图 1-3-1　指向审美立德的美术教育活动内容创生逻辑图

　　"审美与立德的逻辑关系"是本研究论述的基础,也是实践推进的前提。这一问题的解决既需要逻辑上的论证,也需要实践中的检验。本研究基于逻辑与历史相统一的探究思路,深入展开论述。

　　逻辑与历史的统一是辩证逻辑的重要方法,是开展科学研究的思维工具。它要求人们辩证地处理历史方法和逻辑方法的相互关系,以揭示对象发展过程与认识发展过程的历史规律性。所谓逻辑方法,则用概念、范畴、理论等形式概括反映对象发展的规律,属于理论思维的方法。而历史方法,是依照对象发展的自然进程揭示其规律,属于描述性的方法。

本研究基于逻辑与实践的双重视角,梳理审美立德的必然性和可行性。

一、逻辑视角:审美立德的必然性

(一)文献梳理

当前学术界关于美育与德育的看法主要有四种观点①。

第一种观点为:美育不具备独立性,它是德育的工具和手段,是附属于德育的一部分。该观点背后的美学基础是功利主义艺术观,认为艺术作为一种构造形象的技巧本身没有价值,只有为政治宣传、道德说教或宗教信仰服务时才有价值。

第二种观点为:美育具备独立性,对人的价值主要是一种休闲娱乐价值,为人们提供心灵游戏、栖息的机会,与德育是两个完全不同的领域。该观点背后的美学基础是西方审美主义,认为艺术作为一种"形式"本身就有价值,它的价值就是"美"本身,就是心灵的自由展开,是游戏、是幸福。

第三种观点为:美育具备独立性,而且有助于德育,尤其是借助于崇高的审美意象,可以唤起人的尊严感和道德感。该观点背后的美学基础是康德的美学思想。康德认为审美是诸认识能力自由协调的活动,这种感性的自由活动,虽然还不是道德实践,但却暗示着人的自由本体,象征着人的道德。

第四种观点为:美育具备独立性,并且为德育提供了最重要的基础——"善端"。这一观点就是王国维和蔡元培"审美立德论"的贡献。他们认为审美可以使人们接触到世界之本体,领会"万物一体"的境界,从而使"感性大我"得以自觉,为衡量行动的善恶提供了价值尺度。

梳理大量文献研究后,本研究发现:美育和德育相互影响和相互促进,已经成为人们的共识。具体而言,美育有助于德育的实现。美育引导感性趋向理性,有助于外在的道德规范内化为个体内在的"善"。同时,美育引导理性回归感性,则有助于作为实践理性的内在的"善"趋向个体感性欲求、意向的融合,从而构成伦理意志的自由选择②。

同样,德育也有助于美育,正是借助融入伦理性的审美媒介,美育才具有净化情

---

① 梁磊.王国维和蔡元培的"审美立德"思想研究[D].上海:华东师范大学,2020.
② 李灵芝.论审美教育的言说方式[D].保定:河北大学,2007.

感,塑造人格的作用。

因此,美育与德育是互补而又互相渗透的。

(二)逻辑辨析

简单地说,所谓美术,是指利用美术独特的艺术形式,通过塑造空间形象,进行个性化表达的活动①。其中所谓的"独特的艺术形式"强调了美术教育活动中的技能、技巧,而"个性化表达"强调的是美术是幼儿感受美、表现美和创造美的重要形式,也是幼儿表达自己对周围世界的认识和情绪态度的特有方式。

美术审美感知的是艺术形式,领略的是背后的思想认知;创作的是美术作品,表达的是情感态度。而无论是思想认知还是情感态度,都是德育的重要范畴。

因此,艺术审美过程中一定有德的内涵的表达,作为一种文化形式,艺术天然地承载着社会文化的核心价值观,是幼儿传承传统文化的载体;作为一种表征语言,艺术天然地扮演着创作者的心灵通道,是幼儿个性表达的途径。教师挖掘美术艺术资源,引导幼儿感知和体验独特的艺术表达形式,同时领悟和理解民族的审美价值追求;引导幼儿基于感知而自主建构艺术认知,同时基于创作而创意表达思想情感。

总而言之,审美与立德具有内在一致性,审美是能够立德的。审美立德的研究方向,并非异想天开、标新立异,而是有深厚的理论基础,具有逻辑上的可行性。

二、实践视角:审美立德的可行性

基于文献研究中的相关结论,为了能更好地检验幼儿园美术审美教育活动中立德的可行性,我们在幼儿园层面开展实践研究。

(一)研究方法

本研究采用质性研究方法进行现状研究。所谓质性研究,一般认为是"在自然环境中,使用实地体验、开放型访谈、参与性与非参与性观察、文献分析、个案调查等方法对社会现象进行深入细致和长期的研究;分析方式以归纳为主,在当时当地收集第一手资料,从当事人的视角理解他们行为的意义和他们对事物的看法,

---

① 王俊英.儿童审美心理的形成与发展[C].台北:聪美出版社,1994:45.

然后在这一基础上建立假设和理论,通过证伪法和相关检验等方法对研究结果进行检验"①。

　　具体而言,本研究回归教育现场,对教育活动现场进行参与式观察;基于观察所得的事实材料,聚焦审美立德视角进行分类、分析和总结、归纳,解读出事实材料背后的教育意义,挖掘审美教育活动全过程中的德育元素和契机。

(二)研究设计

1. 数据收集

　　本研究采用录像的方法收集数据。我们在小、中、大班分别随机选取了一节美术集体教学活动的现场视频,然后将其转录成文字。

表1-3-1　选定的幼儿园美术集体教学活动现场视频内容一览表

编号	活动名称	年龄段	活动目标	活动时长
1	水墨蔬菜	小班	1. 欣赏齐白石关于蔬菜的作品,知道蔬菜有利于身体健康。 2. 探究蔬菜的纹理,感受水墨拓印的乐趣。	20分钟
2	春如线	中班	1. 欣赏吴冠中的水墨画《春如线》,对画面的线条和色点进行大胆想象。 2. 尝试运用点和线,大胆表达对春天的感受与喜爱。	25分钟
3	一起来劳动	大班	1. 欣赏丰子恺劳动漫画作品,并尝试用水墨画的方式表现生活中的劳动场景。 2. 发现集体的事情需要大家一起做,体验合作劳动的快乐。	33分钟

2. 分析框架

　　针对收集的资料,围绕以下分析框架,进行深度剖析,一起挖掘活动过程中的德育价值和实践契机。

---

① 陈向明.质性研究的新发展及其对社会科学研究的意义[J].教育研究与实验,2008(02):14—18.

表1-3-2　美术审美教育活动中德育价值的分析框架

德育纬度	人与自己	人与他人	人与社会（世界）
德育价值	1. 认识和发现自我价值，热爱学习，乐于探究，积极参与劳动，自尊、自主、自强； 2. 理解生命意义和人生价值，养成健康文明的行为习惯和生活方式，坚韧乐观，自律自信自爱。	1. 萌发以人为本的意识，尊重、维护人的尊严和价值； 2. 文明礼貌，诚信友善，宽和待人，孝亲敬长，有感恩之心； 3. 乐于合作，团结协作。	1. 处理好自我与社会、自我与自然的关系，热爱并尊重自然，具有绿色生活方式和可持续发展理念及行动； 2. 有国家意识，认同国民身份，具有文化自信，尊重、热爱和传承中华优秀传统文化和社会主义先进文化； 3. 尊重世界文化的多样性和差异性，萌发人类命运共同体的意识。

（三）观察分析结果

1. 幼儿美术审美教育活动蕴含丰富的德育内涵和实践契机——实践可能性

这一点从实践层面有力地证实了审美以立德的现实可能性。具体而言，在德育的相关研究中，对"德育"内涵的界定一般包含三个层面：思想政治教育、道德品质和文明行为的教育、心理健康的教育。我们认为，在美术审美教育实践中，则渗透和蕴含着多元的德育内涵和意蕴。具体如下：

（1）美术审美教育中指向思想政治意蕴的德育内涵

当前课例在审美教育中体现出了教师对于幼儿的"爱祖国""文化认同"等道德价值观念的培养。教师会强调画作中的中国元素，比如"我们是用宣纸来画的……笔墨纸砚是我们中国特有的传统的书画工具""知道这一幅竹子是谁画的吗？郑板桥是非常有名的中国画家，竹子寓意节节高、不断向上的精神"。幼儿能在欣赏作品的同时，了解中国传统艺术作品的特点以及中华民族的艺术家之精神财富。

（2）美术审美教育活动中指向社交文明的德育内涵

审美教育是一个人对于一幅作品的感知，也是一群人对于这些作品的群体体验。同样，道德教育是对幼儿个人道德品质的熏陶，也是在幼儿与幼儿、幼儿与教师等的社会交往中,理解社会成员、获得亲社会品质、遵循社会规则的过程。

课例中教师采用了个性化和社会化相结合的方式,在美术审美教育中贯彻道德培养的课程目标。遵循幼儿对具体形象的依赖性以及对于动物的喜爱和共情,教师提到"这些榕树的枝条就是吴冠中爷爷画的这些线条,而这些螺旋形的线条,你们猜画的是什么? 螺旋形的线像蜿蜒流淌的小河。你们看这些彩色到底是什么? 是树叶! 还有这些小鸟在树林里不停地穿梭,自由自在,这幅画实在是太美了",并且教师会强调不同线条的情感,"你们都觉得竖着的线是挺拔的树,而斜线是即将倒下的树"。

另外,课例中教师还考虑到幼儿社会化的需要,采用社会合作方式让幼儿"三个人组成一组,在这块板上来作画,每一组我会准备一个桌子,上面有三个木盒,所以请你们轻轻地上来拿好毛笔",以及相互猜一猜的有趣形式,比如"猜猜这个是谁画的,去猜一猜他画的是什么?"

(3) 美术审美教育中指向自我意识的德育内涵

审美立德是由儿童审美来立儿童之德,因此遵循幼儿的发展特点进行教育活动尤为重要。在集体教学活动或日常师幼互动中,提问、回应、要求都能体现教师德育意识,以及德育教育素养与能力。教师的提问遵循幼儿的认知特点,用问题促进幼儿的主动思考。比如:

> 教师:"摸一摸、看一看,这些蔬菜有哪些好看的花纹? 让你想到了什么?"
>
> 幼儿:"白菜叶子有花纹,像哈密瓜一样;青菜根硬硬的,像一朵花;西兰花有很多小点点,就像齐白石爷爷画的樱桃;藕切开来,会有一个个洞。"
>
> 教师:"怎么才能清晰地把这些花纹拓印下来呢? 你们有什么好办法?"
>
> 幼儿:"按下去要重重的,手不要动;我把白菜叶子拓印在扇子上,就像画上去的。"
>
> 教师:"我们都很会想办法哦。看,漂亮的花纹留在纸上了,这些蔬菜不仅好吃、有营养,择菜剩下的部分还能和大家一起玩水墨游戏。"

另外,教师的要求体现了对幼儿的尊重,相互尊重是培养良好道德素养的前提与关键。比如教师在幼儿欣赏作品前会说,"看画时近点看,远点看,坐着看,站着看都可以。"

最后,教师的回应传达了对幼儿的鼓励,正是处于前习俗道德发展阶段幼儿所关注并需要的。比如，教师会在幼儿回答后立即表扬"很棒，看到的内容越来越多了"，还会有指向具体的反馈"这就像螃蟹的钳子，观察得真仔细"。另外，还有对于幼儿优秀品质的夸奖，"像我们人体内的器官和血液是吗？你们可真有想象力"。这对于幼儿自身自信的培养、品德的发展起到潜移默化、润物无声的效果，同时也体现了教师自身的道德水平与素养。

总之，教师有意无意之间，初步达成以幼儿认知发展水平为基础，依据社会主义核心价值观培养幼儿道德发展的目标。

2. 教师缺乏审美立德意识和能力——研究的必要性和重要性

教师是教育的第一资源，教师审美立德意识和能力的缺失，特别是意识的缺失，导致审美之中应有的德育内涵没有得到有效的挖掘和彰显，这从一定角度证明了本研究的必要性和重要性。

整体而言，在现有课例的分析中发现：一方面，教师无意识地通过艺术作品向幼儿传递了道德理念，但缺乏挖掘其价值的外显意识以及主动性；另一方面，教师已经采取了个性化与社会化的手段，提供了幼儿在自我思考与社会化交往中的立德机会，但缺乏通过多元活动形成立德的意识，难以从思想、行为、品质、性格等角度进一步确立"立德"的目标。

这些课例都表现出教师在美术审美教育活动中已有意识地与德育教育相结合，但是缺乏深度的设计和挖掘，德育元素之间呈现单一、孤立、不连贯的特点。教师会结合艺术作品的背景介绍中国传统的重要文化遗产，这使幼儿对中国的了解更生动、具体，传递了积极的情感态度与价值观念。然而，与德育的结合较为单薄，仅仅从艺术活动作品中的传统文化内容渗透德育。

课例中的幼儿评价作品环节是挖掘审美教育自有德育价值的潜在手段之一。当前教师设问主要侧重于幼儿对作品美学元素的了解和感知，比如"你还觉得像什么？""这些红蓝色像什么？""这幅水墨画分别画了什么内容？"教师可以选择兼具美学价值与道德内涵的艺术作品，不仅关注画作中的艺术线条、色彩，还进一步提问这些艺术组件所表达的情感，从而深度发掘审美作品的自有德育价值，促进幼儿好问等道德品质的发展以及道德感知力的加强。

总之，当前教师对于审美活动中的立德多是浅层结合，在道德内涵的理解与全方位的培养上还稍有欠缺；在审美立德上，幼儿的道德发展特点与美学和道德的结合被忽视，教师需要有针对性地进行了解和讨论。

　　从实践中我们看到了美术审美活动中渗透德育的可能性和必要性,但如何利用好美术审美活动的德育价值,与幼儿园的一日活动相结合,相辅相成,以更好地培养幼儿的品德素养,滋养幼儿的心灵,形成良好的品德呢?

第 二 章

审美立德的实践主线与实操流程

教育研究活动本质上是一种兼具理论理性和实践理性的复杂活动,既需要从理论层面厘清"是什么"的本质认识,也需要从实践层面回答"怎么办"的路径探索。本研究中的审美立德,关注的是幼儿园美术审美教育活动中的德育价值及其实践策略,这一命题中隐含了两个重要话题:一是美术审美何以立德;二是美术审美如何立德。后者着力于现实措施的探究和实践机制的构建,即如何做才能在幼儿园美术审美的教育活动中,推动立德任务的实现?这是本研究深入探究的重点。围绕这一重点。本研究将逐一阐释以下两条重要论点:

一是审美立德,应当坚持审美的实践主线。在美术审美的各个实践环节,都蕴含着德育的元素。

二是审美立德的实现,需要教师扎根美术审美的实践之中,有意识地捕捉契机,挖掘其中的德育元素,推动德育价值的实现。

本章将围绕审美立德的实践主线,即美术审美的实践,遵循学前教育的实践逻辑"教育内容—教育策略"逐一展开论述。

第一节 审什么美

美育不是一般的教育活动,而是以审美为特殊手段的教育,换言之,美育是一种审美实践活动,应当而且必须紧密依托于美的事物或元素,强调的是对美的创造和美的规律的把握。

因而,审美教育的过程就是审美实践、感知美的过程,而艺术大师及其作品是人类美感的凝练和集中体现,是开展审美实践的重要载体,也是开展审美教育的有力抓手。

基于此,我们围绕"以美育人"的价值理念,通过艺术大师的审美教育特色活动,培养幼儿的审美素养。

首先,基于儿童视角理念,我们会根据幼儿当前兴趣点和对幼儿发展有益的内容,选择艺术大师及其作品开展美术审美活动,从校园、家庭到社区来拓展场域,设计和组织丰富的、多元的、适宜的、有意义的活动。在活动中,我们不仅关注幼儿自身对艺术作品的审美感受与体验,对内心真实情感理解的审美表达与表现,而且充分尊重幼儿的主体性地位,以儿童视角选择和开展审美活动。

其次,我们更加关注幼儿在活动中与环境和不同角色的充分互动,教师深入挖掘中国艺术大师作品内涵中的情感、意境、色彩、内容、画法、中国元素、传统文化、民族精神等审美因素,通过适宜的方式,刺激幼儿的审美感知。同时,我们还会挖掘社区中的审美资源,邀请专业人士与幼儿建立链接、参与互动。

再次,我们为幼儿提供机会和平台,让幼儿如艺术大师一般,自主、积极、主动地进行艺术表达和表现。

那么,美术审美依托哪些艺术大师,选择哪些艺术作品,如何开展审美教育?

一、艺术大师及其作品的筛选

本研究围绕名画名作的欣赏开展美术审美教育活动,旨在丰富幼儿的审美经验,激发幼儿的审美创作。因此,名画名作的选择就显得特别重要,不仅要凸显作品的艺术性和审美性,而且要体现作品的适宜性和适切性。本研究着重挖掘中国艺术大师及其作品。

表 2-1-1　中国艺术大师之大师一览表(节选)

姓名	主要成就	深远影响	代表作	艺术特点
吴昌硕	晚清民国时期著名国画家、书法家、篆刻家,"后海派"代表人物。	集"诗、书、画、印"于一身,熔金石书画为一炉,被誉为"石鼓篆	《紫藤图》《墨荷图》《五月枇杷图》《梅花》	1. 金石气息,指的就是钟鼎上所铸的金文与刻在石碑上的文字所具有的味道。

姓名	主要成就	深远影响	代表作	艺术特点
		书第一人""文人画最后的高峰"。在绘画、书法、篆刻上都是"旗帜性人物"，在诗文、金石等方面均有很高造诣。	《牡丹》《牡丹水仙图》《瓜果》等	2. 笔力雄浑，其画作中的笔触朴拙、苍茫、老辣，极具浑圆、雄强的力量感。 3. 设色浓丽，绘画的用墨特别浓，设色也特别大胆，特别鲜艳和浓丽。 4. 笔法和墨法富于变化。例如可以将一朵菊花的正面、侧面、静态、动态画得非常丰富。
齐白石	近现代中国绘画大师、世界文化名人。	擅画花鸟、虫鱼、山水、人物，笔墨雄浑、滋润，意境淳厚、朴实。所作鱼虾虫蟹，乐趣横生。篆刻自成一家，善写诗文。曾任中央美术学院名誉教授、中国美术家协会主席等职。	《白菜萝卜》《牡丹图》《杏花图》《和平鸽》《墨虾图》等	1. 浓厚的乡土气息，纯朴的农民意识和天真烂漫的童心，富有余味的诗意，是齐白石艺术的内在生命。 2. 齐白石画虾堪称画坛一绝。通过毕生的观察，力求深入表现虾的形神特征，寥寥几笔，用墨色的深浅浓淡，表现出一种动感。
丰子恺	中国现代漫画的开端人物，中国现代画家、散文家、美术教育家、音乐教育家、漫画家、作家、书法家和翻译家。	在漫画、书法、翻译等各方面均有突出成就，被誉为"现代中国最艺术的艺术家""中国现代漫画的鼻祖"。	《子恺漫画》《护生画集》《画中有诗》等	1. 早期漫画作品多取自现实题材，后期常作古诗新画，特别喜爱儿童题材。他的漫画风格简易、朴实，意境隽永、含蓄，是沟通文学与绘画的一座桥梁。 2. 漫画可谓别具风格。丰子恺由于有着国画的深厚根基，寥寥几笔，就勾勒出生动的图像。

（续　表）

姓名	主要成就	深远影响	代表作	艺术特点
张大千	中国泼墨画家，书法家，"大风堂画派"的创始人之一，20世纪中国画坛最具传奇色彩的泼墨画工之一，被西方艺坛赞为"东方之笔"。	在山水画方面卓有成就，画风工写结合，重彩、水墨融为一体，其中泼墨与泼彩，开创了新的艺术风格。因其诗、书、画与齐白石齐名，故又并称为"南张北齐"。	《阿里山浮云》《金笺山水》《人家在仙堂》《春云晓霭》《水殿幽香荷花图》《水墨红荷图》等	1. 大风堂画派的画风都呈现出百花齐放的景象，是一支生生不息、代代传承的中国画画派。他师古而不泥古，在继承传统的基础上发展了泼墨，创造了泼彩、泼彩墨艺术。 2. 书法艺术在继承传统的基础上，融合了山水画的意境，力与感情相融合，平中求奇，书法劲拔飘逸，外柔内刚，被后人称为"大千体"。
吴冠中	当代著名画家、油画家、美术教育家。	把欧洲油画描绘自然的直观生动性、油画色彩的丰富细腻性与中国传统艺术精神、审美理想融合到一起。运用中国传统材料工具表现现代精神，并探求中国画的革新。	《长江三峡》《北国风光》《小鸟天堂》《黄山松》《鲁迅的故乡》等	1. 擅长表现江南水乡景色，如初春新绿、薄薄雾霭、水边村舍、黑瓦白墙，和谐、清新的色调，宁静、淡美的境界，使画面产生出一种抒情诗般的感染力。 2. 水墨画构思新颖，章法别致，善于将诗情画意通过点、线、面的交织而表现出来。
程十发	中国海派书画画家，在人物、花鸟方面独树一帜。在连环画等方面也有造诣，善将草、篆、隶结为一体。	从事美术普及工作，长期任上海画院院长。艺术道路兼涉新旧时代，艺术风格融汇古今中外，并执着追求传承弘扬传统水墨情怀，	《歌唱祖国的春天》《阿里山春牛图》《大公鸡》等	1. 对人物画十分精通。他的人物画初以描绘少数民族欢乐、祥和的情景居多，后以借历史人物抒怀见长，并由连环画转入，造型吸收了无锡泥人的特点，带有较强叙述性，形成个人

（续　表）

姓名	主要成就	深远影响	代表作	艺术特点
		造就了他"当代海派画坛领袖"的崇高地位。		别开生面的艺术风格，给中国写意人物画带来一种崭新视觉效果。 2. 作为花鸟画画家，程十发在这片与自然之物心交神往的天地里，仿佛取得了更多的自由。他的人物花鸟画取法于诸家，并吸收民间艺术之营养，融会贯通，墨法灵动、色彩明艳、构成新颖，既继承传统，又超越古人。
其他	中国建筑、中国编织、中国泥塑等民间艺术大师。			

现代教育理论认为，课程内容的选择必须符合幼儿的发展特征、贴近社会生活、顾及内容的基础性。

借鉴课程内容的设置原理，审美立德教育内容的选择，兼顾专业性和儿童性，兼具艺术性和教育性。在这一理念的指引下，我们开始循证探究，梳理了美术审美教育所依托的艺术大师及其作品。

（一）审美以立德，审美是主线，选择的是审美素材，凸显艺术性和美学性

审美立德，应当坚持审美的实践主线。而本研究中的美术审美实践，主要聚焦于艺术大师及其艺术作品。通过多年的实践循证，我们形成了选择艺术大师及其作品的基本标准和核心依据：艺术性和审美性。

一是符合幼儿阶段的审美特点，即作品主题是健康而有趣的，作品色彩是明快而特别的，作品内容是生活化或有益于想象的。

二是凸显美术艺术的审美特质，即选择的内容有艺术欣赏的价值。比如，不同

材料表现方式的美术作品,包括油画、中国画、综合材料等;不同作品类型的美术作品,包括具象画、抽象画等;不同内容题材的美术作品,包括建筑、人物等。例如,吴昌硕是中国艺术大师诗书画印的杰出代表。他的作品审美具有两方面的意义:第一,让幼儿感受中国画的美,感受诗书画印的美;第二,让幼儿品味中国画的意境,感受日常生活的美。通过主题学习网络的组织框架,幼儿从收集大师作品、环境创设到作品欣赏、水墨体验,再到参观画展、艺术创意,最后到幼儿画展,体验了中国艺术家的爱国情感和艺术造诣。

(二)审美以立德,立德是意图,彰显的是德的内涵,凸显价值性和民族性

本研究的基本假设是:在美术审美教育的各个实践环节,都蕴含着德育的元素。教师应当在美术审美教育实践中,有意识地捕捉契机,挖掘其中的德育元素,推动德育价值的实现。因此,我们在选择内容的时候,有意识地凸显艺术大师及其作品的德的内涵,彰显民族性。

在具体实践中,我们有意识地选择中国的艺术大师及其作品,作为具体的文化形式,必然承载着中国的审美趣味和价值观念。

比如,中国水墨艺术是中国画的一种表现形式,用水和墨作画。中国水墨画以中国特有的文房四宝(纸墨笔砚)为主要材料,通过线与墨呈现笔精墨妙的艺术效果,讲究气韵、追求意境。中国水墨艺术形神兼备、寓意深远。中国水墨画大多描绘美好的人事物景,借景抒情、借物寓意,每个中国艺术大师都具有浓浓的爱国主义情怀,无论是自然界的花鸟虫草,还是社会中的乡景生活,都传递和表达自然生命之美和和谐生活之美。吴昌硕画《牡丹图》祝福祖国富强、吴冠中画《春如线》表现春天之美、丰子恺于生活细微处取材表现浓浓人情味、齐白石的自然小物象征幸福生活、张大千的磅礴大气体现祖国风貌……

我们以中国艺术大师的水墨画欣赏与表现为载体开展幼儿美术审美教育活动,将中国水墨艺术与幼儿的生活内容进行联系,在艺术审美中进行情感教育、道德教育,萌发幼儿爱生活、爱祖国的情感。挖掘中国艺术大师水墨画的艺术价值之美与艺术表现之美,提供幼儿感知与欣赏、想象与体验、表现与创造的中国水墨艺术的机会,观察与分析幼儿在名画欣赏和自主创造中的具体表现,形成激发幼儿弘扬中国传统文化的积极情感、自主探索与创作的策略和经验,培养有中国艺术审美素养、有

中国心的好儿童。

　　具体而言,本研究基于儿童视角的理念,从中国水墨之文房四宝、水墨丹青、美好寓意三个艺术审美角度出发,以教师预设与幼儿生成相结合的方式开展课程共建,通过高低结构活动、社会实践活动、传统节日活动、家园亲子活动等,支持幼儿去发现美、感受美与创造美。

(三)审美以立德,主体是幼儿,顺应的是发展特点,凸显经验性和适宜性

　　幼儿园审美课程应联系幼儿的生活经验,符合幼儿的兴趣爱好,呼应幼儿的年龄特点和学习特点,贴近幼儿周围生活的实际情况,挖掘并整合幼儿园、家庭、社区中的教育资源,帮助幼儿丰富生活经验,观察和发现生活中的事物,促使幼儿全面发展。遵循立德树人为根本,以健康积极情感来选择有爱、有情、有义的生活内容,给幼儿以力量、智慧、自信与快乐。

　　因此,我们鼓励家长和幼儿一起寻找大师的名画,在教室里布置大师的画作,用思维导图呈现幼儿的兴趣点和问题,通过幼儿投票决定要欣赏的大师作品,基于幼儿的经验开展美术审美活动,并自然渗透德育内容。

　　比如,幼儿选择丰子恺爷爷的作品,觉得他的作品都是描写自然生活、人与人亲情和友情等温馨的画面。幼儿觉得素净的画面、留白的意境、细节的丰富都是美的。

　　基于上述原则,我们围绕甄选的艺术大师及其艺术作品,构建课程资源库,进而支持教师在课程创生取向下,基于幼儿生活经验和兴趣爱好,有机选择艺术大师及其作品,引导幼儿互动创生,生成个性化的内容。(见表2-1-2)

表2-1-2　幼儿园美术审美课程内容设计(节选)

艺术大师	艺术大师名画欣赏活动		
	小班活动	中班活动	大班活动
丰子恺	可爱的小动物	儿童世界	我是生活小主人
吴昌硕	跟着吴爷爷去赏花	刺猬 寿桃	岁朝清供图 梅花

（续 表）

艺术大师	艺术大师名画欣赏活动		
	小班活动	中班活动	大班活动
吴冠中	欢乐的梦 春天的柳树	春如线 山上的房子	有趣的点和线 墨趣江南 荷塘倩影 小鸟天堂
齐白石	小蝌蚪找妈妈	小池塘	虾
张大千	深深浅浅真有趣	荷花	泼墨山水 只此青绿

二、艺术大师及其作品的利用

艺术大师及其作品是一种优质的教育资源。开发和利用教育资源，就是不断深入挖掘其中的教育内涵和意义，并按照一定的组织形式，设计一定的过程环节，以适应幼儿学习规律和认知特征的方式，从而推进教育活动的实施，达成预期的教育效果。

围绕艺术大师及其作品，我们往往采用主题式、项目化的活动组织形式，支持和引导幼儿与之深入地互动和创生。

（一）强调活动的创生性

在"幼儿发展优先"的理念指引下，上海二期课改课程本身赋予了幼儿园教师内容选择的自主权和幼儿内容生成的主体性。因此，我们在组织与实施一日生活及基础课程的过程中，基于既定的学习主题，围绕主题内容和核心经验，结合幼儿的生活环境（包括节庆习俗、社会热点等），寻求与艺术大师及其作品的契合点，形成指向幼儿园美术审美立德教育活动的内容。进而围绕这一内容，发掘相关的教育资源，创设相应的教育环境，组织开展一系列活动，推动幼儿在直接感知和自主探索中，获得较为完整的、切实的直接经验。

如下图 2-1-1 所示，我们深度融合基础课程的学习主题，结合核心经验，链接幼儿的生活经验和兴趣爱好，寻求与艺术大师及其作品的契合点，从而创生美术审美立德的教育内容。

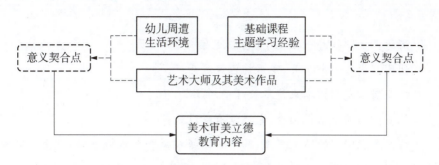

图 2-1-1 指向审美立德的美术教育活动内容创生逻辑

1. 寻找幼儿生活经验、兴趣特点与艺术大师及其作品的契合点

优质的教育内容一定适宜幼儿的生活经验,即与幼儿当地当时的环境协调一致。因此,本研究会贴切周围的生活环境,基于幼儿经验、兴趣,确定艺术大师及其作品。

比如,选择欣赏艺术大师吴冠中《春如线》的作品就起源于幼儿午间散步的一个偶然发现。

案例 2-1-1:没有叶子的龙爪槐[①]

初春的午后,孩子们和老师一起逛校园里的小花园,他们善于观察的小眼睛发现小树长出了嫩芽,枝头上的紫玉兰已有了大大的花苞,树上的小花也已绽放,泥土上有绿绿的小草,迎面吹来柔柔的春风,还有飞舞的蝴蝶以及暖暖的阳光。这一切都激起了孩子们的好奇心。

孩子们发现大多数的植物都长出了绿绿的叶子,但龙爪槐还是光秃秃。他们根据自己的已有经验进行了大胆的猜想……

小暖:"因为它们感冒生病了。"

仁哥:"肯定是枝条太挤了,把长叶子的位置挤掉了。"

小宇:"没有给龙爪槐浇水,所以长不出叶子。"

---

① 该案例由上海市浦东新区冰厂田幼儿园周颖老师提供。

海豚:"太阳被房子挡住了,它们没有阳光……"

团团:"经过一个冬天,龙爪槐已经冻死了。"

哈尼酱:"龙爪槐本来就不长叶子的。"

依墨:"因为龙爪槐怕冷,它还没有醒过来。"

哈尼酱在回家的路上发现,马路边的梧桐树和龙爪槐一样,也全都光秃秃的。第二天哈尼酱来幼儿园告诉大家,原来除了龙爪槐还有很多大树都没有长叶。于是,老师又和孩子讨论起来,春天了,如果大树迟迟不长叶子,它们是不是真的死了?

大多数孩子觉得这些树没死,因为——

"死了的树,它会倒下来的"。

"死了的大树它会不见的。"

"死了的树,风一吹树枝就会都掉下来。"

倾听幼儿的想法后,我们发现,他们对生命的理解程度是不一样的,在幼儿的眼里,事物都是具体的、生动的、有趣的,充满了生命力,中班幼儿已经对植物的自然生长现象有了初步的了解,并产生了一些关于生命的哲思。通过课程的开展,希望幼儿能对生命有初步的了解、认知、思考,感受生命的美好。

在之后的活动中,教师适时引入了艺术大师吴冠中及其代表作品《春如线》,吴冠中爷爷巧妙地运用了线条和色彩,表达了春天万物复苏、生长时的情感与心灵,描绘出春天的生机与活力,让幼儿感受到生命的美好……由此,吴冠中名画的引入就变得自然而然。

2. 寻找主题学习经验与艺术大师及其作品的契合点

综合性主题课程是上海市幼儿园"二期课改"后课程的共同性特点,主题学习经验是幼儿的基本经验,也是引发艺术大师活动的重要依据。

比如,在大班主题"我是中国人"下的"民族大联欢"活动中,幼儿对各族人民的服装、民俗、习惯、特色等充满着好奇,他们喜欢各民族的服装饰品,每个人都跃跃欲试;喜欢看人们跳孔雀舞、竹竿舞,觉得非常美丽;想要过泼水节、赛马节,体验少数民族的文化特色。

中国海派书画画家程十发对人物画十分精通，他的人物画初以描绘少数民族欢乐、祥和的情景居多，后以借历史人物抒怀见长，并由连环画转入，造型吸收了无锡泥人的特点，带有较强的叙述性，形成了个人别开生面的艺术风格，给中国写意人物画带来一种崭新的视觉效果。由此，主题活动"民族大团结"在走近艺术大师程十发爷爷的画作中开始了。

（二）凸显过程的生发性

本研究中的艺术大师美术审美立德教育活动，往往采用了主题式、项目化的课程组织形式。由幼儿或教师发起深层次探索活动，旨在答复幼儿提出的问题，以幼儿的兴趣为导向，围绕一个主题而展开的一系列综合式课程活动，可由教师确定活动目标和活动内容，也可由幼儿根据与主题有关的学习经验发起活动。主题课程强调教师要鼓励幼儿与环境中的人、事、物发生有意义的交互作用，强调幼儿主动参与研究方案，在获得经验的基础上自主地建构知识，这与"幼儿发展优先"理念高度契合。

我们在主题式课程的推进过程中，以艺术大师及其作品为美术审美教育的内容素材，支持幼儿围绕艺术大师及其艺术作品，进行充分感知欣赏，感受、理解和评判艺术形象，从而积极地、主动地进行审美再创造。

在具体实践中，我们围绕艺术大师及其艺术作品，开展了广泛深入的感知欣赏和内涵解读，充分补足教师对艺术大师及其作品的背景认知，为后续有效支持幼儿美术审美活动奠定基础。与此同时，我们还会整合多元的教育资源，支持幼儿多元的领域探索，创生多元的教育价值。

表 2-1-3　指向审美立德教育活动中的吴昌硕素材分析（例举）

年龄段	美 育 目 标
中班	1. 关注柿子、葫芦的色彩、形态等特征，了解他们在中国传统艺术中的美好寓意。 2. 喜欢动手动脑探索材料，感知水、墨、色彩之间的变化。 3. 积极参与布置画展，愿意主动、连贯地介绍自己的画展作品。

比如，吴昌硕是我们基于实践探究筛选的中国艺术大师。在共同性主题"我是

中国人"的分支里有"了不起的中国人"。吴昌硕是著名国画家、书法家、篆刻家,集"诗、书、画、印"于一身,熔金石书画为一炉,被誉为"石鼓篆书第一人""文人画最后的高峰"。他的作品以呈现生活中自然美的景象为主,有着向美向好的寓意;他的中国画用笔笔触朴拙、苍茫、老辣,有着浑圆、雄强的力量感;他在绘画中用墨特别浓,上色也特别大胆,特别鲜艳和浓丽,笔法和墨法富于变化。其代表作有《紫藤图》《墨荷图》《五月枇杷图》《梅花》《牡丹》《牡丹水仙图》《瓜果》等,能带给幼儿丰富的生活经验和多元的审美感受。

结合幼儿年龄特点,我们深入分析了吴昌硕及其作品的审美立德教育价值,并将其作为我们重要的教育素材,进而预设了项目化的学习内容网络。幼儿欣赏吴昌硕爷爷关于柿子、葫芦的水墨画,不仅关注自然界中真实的柿子、葫芦的色彩、形态,也欣赏大师如何用水墨晕染表现柿子、葫芦的特征。他们动手动脑探索水墨材料,在画柿子、葫芦中,了解水墨比例对于色彩呈现的影响,也意识到它们的谐音"'柿柿'如意""葫芦、福禄"在中国传统艺术中的美好寓意。从对吴昌硕爷爷其他秋天蔬果作品的欣赏中,孩子们了解到很多植物会在秋天开花,他们拿起毛笔表现秋天的花团锦簇。他们也从作品欣赏中意识到有更多的植物,特别是庄稼,会在秋天喜获丰收。幼儿从中感受到秋天是多么美好的季节,具有丰收的意义。所以,幼儿也尝试拿起毛笔,不仅想要画这些秋天的自然物,还想把美好寓意写下来。中国字就像一幅幅画,幼儿在一笔一画的描写中俨然是优秀传统的小小传承者。

在这个过程中,他们也产生了疑问,这么多的粮食和食物吃不完,都放在冰箱里吗?于是,他们在教师的引导下欣赏中国劳动人民如何晒秋,体验充满中国审美智慧的晒秋活动,小菜园里的收获也放在阳光下摆一摆、晒一晒,分享收获的喜悦,还将由此开展艺术创作。在活动中,我们感受到幼儿尊重和珍惜秋收成果的行为表现,以及赞美中国劳动人民智慧的积极情感。

第二节　幼儿是怎么审美的

一、幼儿的审美心理

如前所述,在"教育心理学化"的背景下,教育理论的建构和教育实践的探究,总是基于对一个基本的核心问题的回答：人是怎么发展的？基于此，对于美术审美教育实践的探究，应当而且必须基于对幼儿审美心理的探索。

围绕幼儿艺术感受与欣赏，已有研究①将幼儿审美心理过程分为三个阶段：

第一阶段是审美注意——它是审美态度的萌发期，也是审美活动的前提和准备环节；

第二阶段是审美感受与审美体验——它是审美活动过程的关键，在这一阶段幼儿通过感知、想象、理解与情感等获得对艺术作品的积极的理解与体验；

第三阶段是审美形成——它是审美发展的重要阶段，在这一阶段幼儿的审美心理发生了极大的变化，如幼儿的审美兴趣被调动、在艺术欣赏活动中逐渐形成审美判断，从而在潜移默化中提高了幼儿的审美欣赏能力。

其中，第二阶段是审美心理的关键阶段，涵盖了审美的核心环节。下面以案例"劳动最光荣"为例，尝试剖析幼儿审美的心理过程。

案例 2-2-2：劳动最光荣②

大班的孩子对劳动并不陌生，在家他们能自己盥洗整理，自己的事情自己做；在幼儿园，他们能担任小小值日生，帮助老师和同学照料班级，集体的事情大家做；在平时的生活中，他们能帮助爸爸妈妈做一些简单的家务，样样事情学着做。孩子的故事本记录里越来越多地呈现日常劳动的故事。在美术审美教育活动中，我们根据幼儿的发展需要选择了艺术大师丰子恺爷爷的劳动题材作品。他的作品里常常会反映生活中自食其力、邻里间互帮互助、自然中辛苦劳作的普通劳动者形象，通过简笔的线条和素雅的色彩，以漫画水墨的表现方式描绘普通生活中的劳动美。

他的作品与其他中国艺术大师不同，虽然同为水墨画题材，但是他的作品自然朴实，有着浓浓的生活气息，寥寥几笔就能呈现人与人之间和睦、关爱、友善的氛围，人和自然之间尊重、呵护、和谐的生态，水墨漫画里处处传递着爱他人、爱家乡、爱祖国的积极情感。

---

① 安志超.幼儿艺术欣赏活动的案例分析与教育建议[D].沈阳：沈阳师范大学，2016.

② 该案例由上海市浦东新区锦绣幼儿园黄炆烨老师提供。

【片段 1：快乐的劳动节】

我把丰子恺爷爷《快乐劳动节》系列作品投放在班级的环境中，试图引导幼儿在耳濡目染中感知美术作品的美。

孩子们在作品前自由走动，有几个孩子围绕在一幅农民伯伯插秧的作品前，有了一段这样的对话：

欣欣："你看你看！为什么以前的人要在大晚上插秧呀！"

土豆："是呀，在大晚上插秧，柳枝还被吹得这么高一定很冷！"

我听了他们的对话很是好奇，便上前问道："你们怎么看出来他们是在晚上插秧的呀？"

"你看，天上有一轮弯弯的月亮啊！"欣欣颇得意地指着画面中的月亮对我说道。

劲劲听后也加入了我们的谈话："不是的！你看，这幅画的旁边写着杨柳岸晓风残月，我学过这首诗，残月指的不是晚上的月亮，指的是白天的月亮还没下山呢。"

我又追问道："那为什么他们要在早上插秧呢？中午不行吗？有大太阳照着，走在水里还暖和一点呢！"

"当然不行啦！我听妈妈说过的，插秧就是要在白天太阳还没出来的时候插，要不然太阳一照会被晒死的。"

越来越多的孩子加入了我们的讨论："我看到电视里的农民伯伯插过秧，就是在太阳还没出来的时候插的，他们一插就插好久，可辛苦啦！"

孩子的谈话让我捕捉到了他们对插秧劳动的兴趣。于是，我让孩子一起模拟农民伯伯弯腰插秧的样子，学了一会，他们就直起了身子，口中念叨："腰好酸呀！插秧好累啊！……"

【片段 2：我爱劳动】

当孩子们有了相应的生活经验，有了对作品的欣赏感受，所谓的创作只需要孩子们表现出他们内心最真实的感受。于是，我在教室里的名画欣赏角中提供了各类形状的宣纸卷轴和笔墨纸砚，孩子们开始在区角里用水墨材料来作画，有的还拿出了自己的劳动故事记录本，一幅幅有趣生动的劳动作品产生了。

　　欣欣："今天我是值日生，快上画画课了，我和我的好朋友一起把桌子搬到教室中间，能照顾帮助到大家，我们都觉得很开心。"

　　多多："假期里我去摘了苹果，摘苹果好累啊，如果我有很多只手就好了，就能摘下好多好多苹果给大家吃。"

　　玥玥："我每天都会帮妈妈给花朵浇水，所以我家的花朵长得格外的漂亮。"

　　依依："今天我做了老师的小帮手，跟老师一起发了玩具，我感觉自己像个小老师。"

图 2-2-1　幼儿创作的"劳动"作品1①

图 2-2-2　幼儿创作的"劳动"作品2②

图 2-2-3　幼儿创作的"劳动"作品3③

图 2-2-4　幼儿创作的"劳动"作品4④

①②③④　该照片是由上海市浦东新区锦绣幼儿园宋莉老师拍摄的幼儿及其"劳动"作品。

从孩子们的创作到孩子们的"画语"解读,不得不感叹于孩子们的天马行空,他们有着丰富的想象力和细致的表现力,这就是我们常常说的"孩子才是天生的艺术家",他们善于观察、乐于表达,更能大胆想象,让我们这些所谓的"大人"自愧不如。

(一)审美感知

审美感知是幼儿审美心理的基础环节,即审美主体在遇到审美客体时,受审美态度的影响,对艺术作品产生审美注意;在审美注意的驱动下,审美主体的多种机体感官对审美客体产生反应,各感官的联动最终形成对艺术作品的形状、色彩、空间等全面、详细的认识。

心理学家克雷奇认为人体各感觉器官具有相互连通性,也就是一个感觉器官接收到信号刺激,可能会在不同的感觉器官中产生不同的认识经验。这种感觉连通性在很多时候也被称为通感效应或者通感现象。

孔起英教授对3—6岁幼儿的审美感知特点进行了论述,即直觉性、主动性、多通道性和完形性。在艺术欣赏中,幼儿会首先对引起自己注意的审美客体产生欣赏兴趣,表现出对艺术作品的主动欣赏,在欣赏过程中会不自觉地产生多种感官的协同"工作",且这种欣赏常常是对艺术作品的整体感知[①]。

在案例"劳动最光荣"中,幼儿能够有效识别《快乐的劳动节》美术作品中农民伯伯插秧的情景,并且根据月亮的影像判断时间和气温的低冷,都属于幼儿的审美感知。由此,我们也能看到,幼儿的审美感知,往往与他们的自身已有经验有着密切的联系。

(二)审美想象

审美想象是幼儿审美心理过程的重要环节,是审美意象产生的阶段。在艺术作品欣赏中,幼儿会在视觉、听觉、触觉等多种感觉器官的刺激下,以现有的语言、图示和符号等为基础,积极调动各种心理因素,对人脑中已有的表象进行改造进而产生新的形象,或者是通过虚构、变形等造就完全的新形象,在此过程中会把握艺术作品的内涵、产生审美情感。

孔起英认为,幼儿对艺术作品的审美想象是一种带有情感的、创造新的审美形象的心理过程。在艺术作品欣赏中,幼儿先是有感情地直接观察艺术形象,并将自

---

① 崔学勤.发展幼儿的审美感知力[J].合肥学院学报(社会科学版),2007(3).

己的情感传递到艺术形象上,从而与情感化的艺术作品进行更好的交流,从而产生了审美意象[①]。

在案例"劳动最光荣"中,幼儿基于对插秧画面的识别和感知,进一步调动自身经验,深刻而精准地理解了插秧者的身体状态和疲劳感受——我看到电视里的农民伯伯插过秧,就是在太阳还没出来的时候插的,他们一插就插好久,可辛苦啦。这就是审美想象。

当然,在这个想象的过程中,教师适切地介入和支持——引导幼儿一起模拟农民伯伯弯腰插秧的样子,帮助幼儿更加深入地感受了"腰好酸呀,插秧好累啊"的直接经验,有效地支持了幼儿的审美想象。

(三)审美理解

审美理解是幼儿审美心理发展的最后环节,它是审美主体把握审美客体的形式美与情感美的最重要环节。

美学大师伽达默尔从审美理解的基本途径出发进行论述,他认为艺术作品理解的基本途径是对话与回答,它强调了幼儿艺术作品理解过程中的语言性;同时,他认为,艺术作品本身会在不同的时期呈现出不同的东西,其中不同时期呈现出的多种意义需要与欣赏者进行对话才能被发现。

当幼儿有了深刻的审美感知,唤醒了审美想象,在很大程度上,已经完成了审美理解。当幼儿有机会、有条件将内在的感知体验、表达需求借助恰当的方式进行表征表现的时候,幼儿的审美理解得到了进一步的强化和巩固。所以,幼儿把对美术作品的感知欣赏与自身的生活经验有机链接,把搬桌子、浇花、采摘苹果等劳动场景进行艺术化呈现,就是对自我审美理解的表达表现。

二、幼儿的审美策略

幼儿的审美心理分析,为幼儿审美活动的开展提供了有效的借鉴。由于受幼儿年龄特点和身心发展水平的影响,在美术审美的教育活动中,感性思维主导着幼儿的欣赏活动,幼儿在艺术欣赏中有着更加开放的态度与心境,有着更加超凡的想象

---

① 孔起英.儿童审美心理研究[M].南京:江苏教育出版社,2008.

与联想能力。

因此,在幼儿美术审美活动中,教师要积极、全面调动幼儿艺术欣赏中的感知、想象、理解与情感体验等,使幼儿充分感知艺术作品中的形式美与情感美。

(一)指向审美感知的认知性策略

认知是心理的核心,是情绪情感产生的基础。同样,审美感知即通过整体把握所欣赏对象的光线、形状、色彩等因素,以揭示出事物的情感表象,是整个审美实践的基础。

随着知觉与认知系统的完善和发展,学前儿童可以通过对背景信息的深度加工,来深化审美对象的感知。为此,我们会在审美活动过程中,从幼儿的兴趣和活动出发,激发幼儿的好奇心和对艺术大师本人、主要作品的兴趣,注重幼儿与生活环境中的人、事、物连接,寻找周围美的事物和作品(包括家园社区等),鼓励幼儿与他人交流想法,通过参观展馆、接触艺术家、借助艺术绘本或故事或图册等扩大对艺术的了解和联系。

案例 2－2－3:印章引发的讨论[①]

《幼儿园教育指导纲要(试行)》中指出"充分利用社会资源,引导幼儿实际感受祖国文化的丰富与优秀,感受家乡的变化和发展,激发幼儿爱家乡、爱祖国的情感。"在"审美立德"的课程背景下,幼儿来到位于长宁区的程十发美术馆,开启了一天的社会实践活动。在美术馆中的一天,孩子们沉浸在艺术的氛围中。而他们在欣赏艺术作品过程中的"无心之举",也体现了孩子在"立德树人"目标下的成长。

【片段 1:"印章上刻的是我的名字"】

小圆子指着一张画说:"这里有印章。"

别的孩子也凑上去看,"这个印章是方的。"

"我也发现了印章。"二宝指着另一幅画,"我找到的印章是圆的。"

① 该案例由上海市浦东新区冰厂田幼儿园许蕴欣老师提供。

悦悦说："这里还有像葫芦一样的印章。"

小圆子："这个印章上的字是什么?"

小爱："这个肯定是他的名字。我也有印章,印章上刻的是我的名字。"

小圆子又问："但是这两幅画上的印章不一样啊,都是他的名字吗?"

他们又比较了另外几幅画上的印章,发现印章上的图案都不一样。

回到幼儿园后他们开始了关于"印章"的进一步讨论。他们了解到印章是我国传统文化的重要组成部分。在古代,印章最重要的功能之一就是证明身份,这背后具有肯定自我的价值与实现自我的性质。孩子们迫不及待地想拥有一枚属于

图2-2-5　幼儿参观程十发美术馆①

自己的印章。经过一系列的调查和学习,他们发现印章上会刻上主人的名字。于是他们设计了印有自己名字的印章图案,并在爸爸妈妈的帮助下,获得了一枚属于自己独一无二的印章。他们学习着大师的样子,在自己的作品上盖章,内心获得了极大的满足。比起之前在自己的画作下写名字,现在他们用盖印章的方式留下自己的身份证明,这个过程是一种对于自己作品的肯定和对于自我的认同。

由于幼儿对于印章的经验更加丰富,当他们再一次回顾在程十发美术馆中欣赏的画作时,第一时间就发现了画上的印章。但是与之

图2-2-6　幼儿给自己的作品
印印章②

---

① 该照片是由上海市浦东新区冰厂田幼儿园许蕴欣老师拍摄的师幼参观美术馆。

② 该照片是由上海市浦东新区冰厂田幼儿园许蕴欣老师拍摄的幼儿在给自己的作品印印章。

前他们所见所用的印章不同的是,这里的印章图案有圆形的、葫芦形的。另外,根据已有经验,他们猜测画上的印章刻的是程十发大师的名字,但是不同画上的印章好像又不一样。种种问题都让孩子们对画上的印章产生了强烈的好奇,关于印章的研究也愈加深入。从印章本身出发,幼儿在探索印章的过程中逐渐发现印章背后的传统文化以及精神内涵。他们不仅认识到更多的印章的形式,包括印章的形状、印章的图案以及印章的功能,拓展了幼儿对于传统文化新的认识,更重要的是通过印章增强了自我认同感。

【片段2:不止一个章】

熙熙:"为什么这一幅画上有这么多章?"

老师:"除了画家,只要变成了这幅画的主人,也会在上面敲上他的印章"

熙熙:"那这幅画上有1,2,…,5,有5个章。那这幅画换过5个主人。"

在回到幼儿园的一次自由活动中,熙熙在筱筱送给他的画上敲上了自己的印章。"你的这幅画太好看了!老师说过,你把画送给我,我也可以敲章。"

筱筱:"那我也要。"说完在画上也敲上了自己的印章。

通过对于印章文化的进一步了解,幼儿认识到原来一幅画上不仅可以盖画家的印章,还能盖拥有者的印章。他们将这样的行为延伸到了自己的生活中。出于对同伴画作的认同、对同伴赠画的感谢,他们也开始将自己的印章盖在同一幅作品上。这个行为背后反映出他们对于同伴的欣赏以及与同伴交往的喜悦。

幼儿从一个自然人过渡为一个社会人是成长的必经过程。美术馆在发挥美育功能的同时,也成了促进幼儿人际交往不断完善的场所。幼儿通过在艺术欣赏中所感受到人与人之间的链接,从而引申到他们日常与同伴的相处中,这一过程也让幼儿获得了积极的情感体验与良好的同伴关系,充分发挥了德育的价值。

【片段3:一定是个爱国"家"】

十月一边听着老师介绍不同的画作,一边问:"老师,这里不是程十发美术馆吗?为什么还有别人的画?"

老师回应道:"在程十发美术馆中,不仅有程十发大师自己所作的画,还有很多别人的画。这些画都是程十发先生收藏的。程十发先生除了是个很棒的艺术家,他也非常爱国、爱孩子。这些都是他捐给国家的作品。目的就是希望更多的人可以看到更多的艺术品。因此,这个美术馆用'程十发'来命名。"

一旁的小杰说:"那程十发一定是个爱国'家'。"

老师愣了一下,然后才明白小杰所说的,"你说得真棒! 程十发确实是一位爱国'家'。"

幼儿用这样一句儿童化的语言,表达了他们对程十发先生的尊重与赞誉。对于幼儿来说,"捐赠"这个词代表了一种无私的爱心,当他们听到原来美术馆里的这么多画都是程十发先生捐给国家的时候,他们意识到程十发先生不仅是一位艺术家,还是一位无私的爱国者。他们从美术馆的点滴小事中,树立了"爱国"的情感,这也是本次观展的最大收获。

在观展过程中,教师发现幼儿可能很难理解每幅画背后的时代背景和深刻内涵,但是他们能够感受到画面的美,以及作者所倾注的情感。程十发美术馆的作品都能够看到程十发先生对于传统文化的传承以及对于新中国的期待与热爱。幼儿浸染在这样的环境氛围中,感受到了艺术作品传递的情感和意义,为自己的国家与民族感到自豪。这也印证了在学龄前开展"审美立德"教育的可行性。他们从情感上能够萌发这样的爱国之情,感受着传统艺术文化美的同时,也体会到背后对于国家的热爱。

案例2-2-3集中呈现了认知性原则的实践样式,有效借力于园外的展馆资源和专业人员,拓展幼儿的直接经验和有效认知;而这些认知——无论是对印章的功能认知,还是对场馆命名的理解——无不有效推动了幼儿对艺术作品的深入感知和内在理解,为幼儿的审美感知奠定了坚实基础。实践证明,认知的有效拓展为幼儿审美感知提供了切实的铺垫。

（二）指向审美想象的主体性策略

审美想象即根据直觉所掌握的材料,把自身经验渗透其中,并于广阔空间中进行学前儿童的审美想象,将所感受的对象在头脑中进行改造。我们会在审美实践中,真正尊重幼儿的主体地位,推动幼儿在自主、积极的心理状态下,完成审美想象。

比如,提供幼儿欣赏自然、生活和艺术作品的美的机会,给予幼儿充分欣赏和感受的时间和空间,通过观察、交流、探索、体验等方式来培养幼儿的审美情趣;同时,尊重幼儿自发的表达表现,对幼儿的所有审美行为给予认同,包括喜欢作品和不喜欢作品,对作品内容解读的独特理解,对作品表现方式的自我表达。

案例 2-2-4:赏秋①

在"在秋天里"的主题背景下,孩子们利用国庆假期的旅游契机,积累了充分的直接经验。我们和孩子们在主题活动的推进下,一起走进了吴冠中爷爷笔下的秋天。

老师:"你从这幅画中看到了什么?"

一一:"为什么画里会有这么多的线条呢? 看起来乱乱的。"

谦谦:"像许多根绳子绕在了一起。"

睦睦:"好像许多绳子在跳舞。我还可以让绳子转圈圈。转圈圈好特别,像蜗牛壳,像圆圈。"

旭旭:"线条长长的、卷卷的,像一团羊毛线。这些绕来绕去的线条看起来很美!"

小爱:"吴冠中爷爷看到了细细长长的树枝随风飘舞,线是风,线是下雨了,线也是小河,各种颜色的小草和花儿,像一个个跳跃的小点点,正在欢快地跳舞,秋天真美呀!"

为了引发幼儿更深刻的感受,我们用一幅《红树林》引导幼儿走近了艺术大师吴

---

① 该案例由上海市浦东新区锦绣幼儿园杨洋老师提供。

冠中,在互相交流中感知吴冠中用点线的手法描绘印象中的秋之色彩,对艺术作品有自己独特的审美体验。在此过程中,我们积极营造宽松的心理氛围,支持幼儿基于审美感知,关联生活经验,激发审美想象,为后续的审美理解和审美表达奠定基础。

(三) 指向审美情感的开放性策略

审美情感指对审美对象是否与自己需求相符合而形成的体验态度。对学前儿童而言,他们的审美情感是以移情方式得到的,也就是将学前儿童无意识的心理内容与情感投射到对象中。学前儿童的审美情感是一种外显性高峰体验。当学前儿童沉浸于艺术带来的愉悦时,除以语言、肢体、表情表达以外,还可以进行艺术创作等,这些都是学前儿童审美情感的体现。

为此,我们满足幼儿自发模仿创作的时间和空间,提供多元材料和各种图片,不做过多干预,鼓励幼儿对材料进行探索,有自己的想象和创作;对每个幼儿作品和表现程度给予充分的肯定,尊重幼儿对自己作品的阐释和反思,给予每个幼儿作品的陈列与展示,注重保护幼儿的个性和促进幼儿创造性发展。

案例 2-2-5:有趣的线①

在一次户外沙水游戏中,谦谦无意间拿起小水枪在沙地里玩起来。

谦谦说:"你们看,沙子上也可以'画'线条呢。"

闻声过来的小伙伴开始拿着水瓶、花洒等一起玩了起来。

"哈哈,别人的线跟我画的'线'叠在一起了。"

"和吴冠中爷爷的画一样。"

······

水对幼儿有着天生的吸引力和亲和力,柔和的水很适合幼儿的游戏和探索,它有很强的流动性和渗透性,且极富表现力,十分贴切幼儿在美术创作中的大胆想象和发挥。孩子们在沙地里没有边界地游戏,他们或挤捏或摇晃瓶子,水从瓶子中喷洒或流淌到沙池里、墙面上,留下弯弯曲曲的线条和

---

① 该案例由上海市浦东新区锦绣幼儿园杨洋老师提供。

点。但问题也随之而来,孩子们发现沙地里的水干得太快,无法"留住"自己的作品让他们有点苦恼。

图2-2-7 幼儿水枪作画中①

图2-2-8 幼儿水枪画作品②

老师:"你们有什么好方法留住自己的作品吗?"

小苹果:"我觉得还是把好看的线条画在纸上吧!"

基于孩子的需求,我们又带着孩子一起欣赏了吴冠中的《墙上秋色》。

图2-2-9 幼儿创作的《墙上秋色》③

果果:"这些绕来绕去的线条像马路,还像轨道。"

小苹果:"我觉得好多的树枝爬到墙上去啦。"

他们用毛笔蘸墨,在画布上留下交错的线条,在教室中的滴洒画有黑白颜色的强烈对比,幼儿的每个动作痕迹都能得到保留,获得了较大的成就感:"我们也能画出像吴冠中爷爷那样的线条!"

---

① 该照片是由上海市浦东新区锦绣幼儿园杨洋老师拍摄的沙水游戏。

② 该照片是由上海市浦东新区锦绣幼儿园杨洋老师拍摄的沙水游戏作品。

③ 该照片是由上海市浦东新区锦绣幼儿园杨洋老师拍摄的幼儿合作绘画的场景。

艺术大师吴冠中的《墙上秋色》是贴切幼儿生活经验的,在沙水游戏中幼儿自由尝试各种材料表现各种"线条",大胆表达自己的想法和感受,表现出"喜欢接触新事物,对新事物充满好奇,乐意主动探索"的良好学习品质,在潜移默化中加深了对线条和点的感知,在"玩"中充分感受、体验和创造之后,再回归到欣赏大师作品,丰富幼儿的审美体验,帮助幼儿加深对美的感受力和表现力,激发幼儿主动地去创造。在欣赏过程中他们关注到色彩、线条、形状、内容、表现形式等审美元素,愿意大胆地用语言、肢体等方式表达自己的审美感受。孩子们能按照自己的兴趣选择活动,为自己取得的活动成果感到开心,从中获得自我认同感。

第三节　如何美育

本研究所指的美育是基于美术教育的美育实践。艺术教育是美育最主要、最基本、最重要的实施路径,因而,美育的有效开展应当而且必须遵循艺术教育的基本路线和实践逻辑。

《3—6岁儿童学习与发展指南》对艺术领域的梳理分为"感知与欣赏"和"表达与创造"两个环节,并且"感知与欣赏"在前、"表达与创造"在后。这是幼儿学习规律的体现,也是艺术教育规律的彰显。

幼儿美术审美活动的过程设计,坚持以幼儿为本,重视幼儿的学习与体验,并根据不同幼儿的不同特点而因材施教,根据不同情境的不同特征而因地制宜。具体而言,我们在实施中遵循着"感知与体验——探索与发现——创作与表现——展示与讲评"的实践模式。

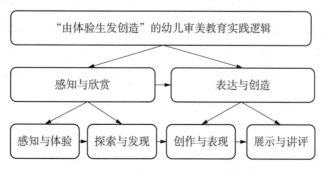

图 2-3-1　幼儿审美教育活动的实践模式

一是感知与体验。

艺术首先就是一种内心的体验,这种体验是一种经历,一种过程。艺术启蒙实践,应当支持幼儿多感官参与、立体化体验,让幼儿对事物和艺术作品的感知与体验更加丰满,帮助幼儿接受更多利于自我构建的信息,促进幼儿对事物或艺术作品的多方面感知与理解,帮助幼儿进行更好的表达与创造。

二是探索与发现。

如果感知与体验强调的是幼儿的观察、比较,而这种感知具有单向性的特征,那么"探索与发现"更多指向的是幼儿在主动操作中获得的更加深入的切身体验。"我听见,我忘了。我看见,我记住了。我做,我理解了。"这句话实际上强调的就是自己亲身的操作探究对其学习的价值。有了深入的探索,就有了信息的充分输入,有了认知的深度建构,有了情感的自然激发,就有了表达表现的欲望。

三是创作与表现。

《幼儿园教育指导纲要(试行)》指出,艺术是孩子"表达自己的认识和情感的重要方式",要使幼儿"大胆地表达自己的情感、理解和想象",并指出这种艺术表达是"自由表达""创造性地表达"等。幼儿艺术是发挥年幼儿童创新潜能的最佳载体,我们要努力使艺术教育成为孩子喜欢和感兴趣的活动,并使幼儿在活动中充分表达自己的感受和体验,表现自己的个性特点及丰富的想象力和创造力。

四是展示与讲评。

艺术教育活动往往以幼儿艺术作品的欣赏和评议来结束和升华艺术启蒙教育活动。艺术作品的评议注重评价的价值多元性。《3—6岁儿童学习与发展指南》明确要求,幼儿稚嫩的笔触、动作和语言往往蕴含着丰富的想象和情感,成人应对幼儿独特的艺术表现给予充分的理解和尊重。与此同时,我们注重创设富有艺术感的环境,注重幼儿艺术作品的展示。

基于上述美育的内在逻辑,我们以艺术大师及其艺术作品为载体,深入挖掘幼儿园内外的审美资源,组织开展适宜的名画欣赏和参观展馆活动,让幼儿在园内教师与园外专业人士的帮助下,走近艺术大师,与大师作品互动,直观感知美;而后,基于校内外的活动资源,为幼儿搭建平台,有机会进入大师角色,像大师一样,在创造和表现中,深化美的感知。因为儿童天生就是艺术大师。

基于此,和大家分享锦绣幼儿园在幼儿美术审美特色活动的实施模型。

在"走近大师"名画欣赏活动、"遇见大师"参观展馆活动、"玩美大师"艺术创意活动、"小小大师"幼儿画展活动的实施中,彰显和沉淀了艺术大师审美教育活动的

图 2-3-2　锦绣幼儿园美术审美特色活动的实施模型

价值理念。具体表现为：

第一，幼儿审美教育的过程就是以幼儿为主体，进行审美实践、感知美的过程。艺术大师及其作品是人类美学智慧的集中呈现，是幼儿审美实践的重要载体，应该充分支持幼儿积极主动和艺术大师开展互动。

第二，幼儿的审美教育应当遵循"由体验生发创造"的基本逻辑和规律。

一方面，坚持以幼儿的切身体验为起点，以感知欣赏核心。整合幼儿园内外的艺术教育资源，创设互动情境，引导幼儿充分感知艺术大师、欣赏艺术大师的作品。另一方面，以创造性、个性化的表达表现为价值导向。基于校内外的活动资源，为幼儿搭建平台，支持幼儿像艺术大师一样，在创造和表现中深化美的感知。下面将具体展开对每类活动实施模型的解读。

一、走近大师——名画欣赏

所谓"走近大师"，即每学期每班结合二期课改主题活动或生成的主题，选择艺术大师的名画名作开展艺术欣赏，通过大师环境创设与思维导图、名画欣赏与作品体验，强调幼儿的自我感知、主动参与，让幼儿发现美、感受美、认识美。

我们围绕甄选的艺术大师及其艺术作品，参考基础课程中主题背景下的美术圆点素材，进行教育活动的设计。一般而言，这一部分活动内容的设计与设置，遵循幼儿经验逻辑,联系幼儿的生活经验、符合幼儿的年龄特点和学习特点,贴近幼儿周围生活的实际情况,寻找契合点。

案例2-3-1:潜"龙"伏"冰"①

课程缘起

元旦节庆活动,师生童话剧《寻找中国龙》中精彩的舞龙表演引起了孩子们的关注。作为十二生肖中唯一的幻想动物,孩子们从未见过真正的龙,但却在那一刻点燃了探究的热情。

经过前期主题"我是中国人"和"我们的城市"的推进以及班本特色节气活动中对于中国元素的感知,孩子们已经对中国传统文化有着一定的经验。通过日常一对一倾听与幼儿的谈话记录,不难发现他们对于中国历史、民俗艺术与传统节日更感兴趣。于是,我们延续元旦热点话题生成班本课程"潜'龙'伏'冰'",重点通过"龙"这一形象延续孵化孩子们对于中华优秀传统文

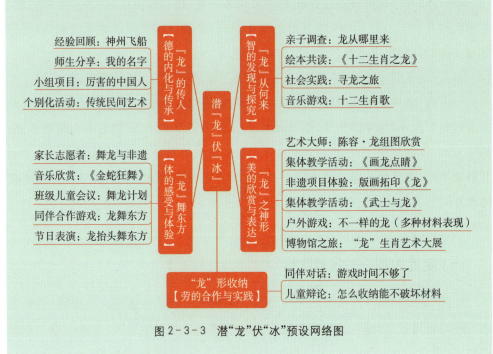

图2-3-3 潜"龙"伏"冰"预设网络图

---

① 该案例由上海市浦东新区冰厂田幼儿园张安迪老师提供。

化与民俗艺术的兴趣。当艺术之美与传统节日文化交融时,华夏文明的魅力便伴随龙年到来,开启了孩子们与"龙"的故事。

【前期经验:我知道的龙】

安迪:"你们知道龙吗?"

豆花:"我知道,今年是龙年,龙是在天上的。"

心宝:"龙很厉害的,我最喜欢三角龙,它的本领很大。"

龙龙:"我的小名叫龙龙,就是很厉害的意思。"

笑笑:"龙是十二生肖之一,但是我只在图片上看到过龙。"

在这之后,我们发现他们对龙的印象虽各不相同但却都知之甚少。带着疑问"龙"究竟长什么样,我们开启了亲子调查"龙从哪里来"、社会实践"寻找生活中的龙"、共读《十二生肖之龙》绘本等系列活动。在一次次的分享与孩子们的表达中,我们发现他们对于龙的了解逐渐丰富起来。

【追问:什么是龙】

菠萝:"龙是中国神话动物,是中华民族的图腾。"

月亮:"龙是一种远古爬行动物,它有翅膀会飞,还能呼风唤雨。"

煊煊:"龙能够保佑我们风调雨顺,代表着吉祥如意。"

又又:"龙是我们中国人特有的形象,代表着勇敢、向上的我们。"

多多:"我想试试画龙,但是我觉得龙很难画。"

月亮:"我想看看天上飞的龙,如果有以前的照片就好了,我就能看到它的神态是怎么样的了。"

课程往往就在儿童的生活里,在儿童的行为里以及他们发现问题和解决问题的过程中。由于缺乏直观感受的机会与真实具体的形象,"龙"作为民族图腾却往往只在十二生肖的了解中一笔带过,而这一次孩子们对于未知事物的渴望与关注便是我们班本创生课程的灵感延续。

【感知与欣赏:陈容的《九龙图》】

在孩子们提出想要看看龙的照片时,我们便去翻阅各时期的艺术作品,发现在我国南宋时期,有一位尤为擅长画龙的著名画家——陈容,他笔下的龙姿态各异却又灵巧精妙。

沐沐："这幅画上的龙眼睛瞪得好大,还藏在了山的后面。"

亮亮："它下面还有一条龙,它们在玩捉迷藏吗?"

红豆："才不是,这是龙妈妈带着龙宝宝。"

米朵："不对不对,你们看,这里还有一条龙呢!"

安迪："到底有几条龙呢?"

稻稻："有七条!"

阿蒙："是九条,一共有九条龙!"

随着《九龙图》的带入,孩子们对于龙的形象有了更多的了解与感受,对于龙的喜爱也在日益增加,我们开始思考如何能给予孩子们更多途径拓宽视野。

恰逢上海图书馆东馆有着一场关于"龙"年的艺术大展,展内不仅有平面画作,也有令人眼前一亮的工艺作品,如绣球龙、玉雕龙、剪纸龙等,孩子们兴奋又认真地在馆内驻足欣赏,感受不同龙的表达方式,选择自己喜欢的作品,以画作或拍照的形式记录下作为活动后的分享内容。

在多幅作品中,漫画大师孙绍波爷爷的《凑热闹》引起了孩子们讨论:

米米："这幅画好可爱呀,有好多好多的卡通龙。"

肉肉："对呀,我也好喜欢这幅,这两条龙眼睛大大的,好像在跟我打招呼。"

肉包："这是什么? 它也是龙吗? 我不认识字。"

心宝："这是海龙,我认识。"

亮亮："海龙也是龙吗? 是生活在海里的吗?"

兔兔："肯定也是龙吧,它们生活在一起,而且也有龙字。"

孩子们因此争论不休,于是在园长妈妈的帮助下,《凑热闹》的作者孙爷爷受邀来到幼儿园分享他的这幅作品与灵感来源。而孩子们带回印象最深的那些作品也登上了孙爷爷的讲台。原来回形针变一变就能成为钢铁龙,一笔画也能画出龙,乐高积木也是表现龙的一种方式……如果说第一次在展厅的欣赏是让孩子们大开眼界,那孙爷爷生动幽默的艺术赏析更是孩子们如获至宝的一课。

始终将孩子们放在课程的中央,这是班本化课程的原点也是归宿。对于孩子们而言,通过社会实践、游戏表达、作品渲染等多种形式、多元通道的亲身感知与体验,恰恰最能激发他们对于龙的情感共鸣。后续,我们看到龙的神态、龙的故事、龙的特征,在孩子们的艺术作品、户外游戏、日常记录中展露无遗,我们看到了"龙"这一形象无痕地融入其中,他们用自己的创意诠释着对"龙"的认识与理解,每一个人都独一无二。

【表达与创造:我们想舞龙】

基于童话剧中舞龙表演的前期经验,幼儿对于舞龙可一直都念念不忘。户外游戏中,他们会用小板凳当作龙身、足球当做龙珠来满足自己的舞龙体验。在每一次舞龙想法冒出的时候,龙头、龙身、龙尾们总是热情满满,他们渴望像真正的舞龙队那样合作完成一条金龙翻腾在天空中的场景,但却总会遇到撞到对方或跑散了的问题。我们意识到,这是"合作"种子的萌芽。基于日常孩子们在集体生活中自发的合作行为,我们看到他们具备有目的地组织合作的意识,能够和同伴有初步分工与协商的意识。因此,我们借着"舞龙"的共同目标,以此为孩子们创设合作情境与机会,丰富他们相应的合作经验。

班中的大朋友老师月亮妈妈对舞龙有特别的研究,在她的分享中孩子们才发现原来舞龙的秘密在于配合。在这之后,孩子与同伴共同商议舞龙的队形走位,在纸上画下步骤图,再以小组形式分队练习确认每一次的动作设计是否更加顺畅。

一切似乎准备就绪了,孩子们再次满怀信心尝试舞龙,可还是失败了。失败的原因依旧是彼此间的配合问题,不仅是龙珠与龙头,还有龙珠与鼓手等。舞龙的失败让孩子们的士气大大减弱,但心怀目标的他们却依旧不愿意放弃。怎么办?

的确,舞龙是一项对合作有着很高要求的运动,对于大班孩子们而言是很大的挑战。因此,在和孩子们商量后,我们决定先玩一些团队游戏,积累合作经验。孩子们一起设计了几个不同的游戏,有合作传球、有两人三足、有花样长绳等,在游戏过程中他们慢慢体会到合作中每一个位置的重要性。于是他们再次挑战舞龙,这一回龙真的飞上了天!

一次次的舞龙活动看似是孩子们的童趣游戏,但过程中不仅增进对民族传统文化的认识和了解,更重要的是收获体验了与同伴合作的快乐与经验,金龙舞起来的那一刻他们每个人都在闪闪发光。

【经验拓展:龙的传人】

班级中有一个孩子叫龙龙,每每提到龙时他总是特别骄傲自豪,说自己就是龙的传人。听到几次后,孩子们有了不同的意见。

肉肉:"龙是中国的,我们都是龙的传人。"

龙龙:"不是的,我叫龙龙,所以我才是龙的传人。"

西西:"龙龙,什么是龙的传人,我有点听不懂。"

龙龙:"我也不知道,我爸爸这么跟我说的。"

肉包:"我知道,就是很厉害的人,像龙一样能在天上飞"

章鱼:"那就是宇航员! 他们能在太空中飞来飞去!"

安迪:"还记得我们之前看的神舟十六号火箭发射吗?"

那个下午,我们共同回顾了之前"我是中国人"主题分支"了不起的中国人"中关于神舟十六号以及相关航天知识,一起探讨了究竟什么是"龙的传人"。令人惊喜的是,第二天,龙龙带来了和爸爸共同调查的结果,和朋友们分享他心中厉害的中国龙传人——铁道之父詹天佑。孩子们聆听的同时也激发了想要知道更多的想法。于是,他们自发形成项目小组,对中国的创新发明、超前技术、领域专家等进行探究,在了解的过程中孩子们总是会发出"我们中国也太厉害了吧!""我也要做像屠呦呦一样厉害的人,为中国带来更多的发明!"这样的感叹。

图 2-3-4 龙的传人——梁思礼①

例如,煊煊介绍道:"梁思礼爷爷说,作为中国第一代航天人,

---

① 该照片是由上海市浦东新区冰厂田幼儿园张安迪老师拍摄的幼儿在介绍龙的传人。

能参与中国航天事业从无到有，从弱到强的发展历程，他感到无比自豪。我的梦想是成为一名宇航员，我未来也想和梁思礼爷爷一样，努力学习，永不放弃。"

......

在幼儿园阶段，孩子们正处于对周围世界充满好奇、探索和模仿的时期，通过关于"龙的传人"的项目化探究，孩子们在过程中感受着中国的强大力量与中华民族的自强不息，这不仅是传承中华文化、弘扬民族精神的重要途径，更是培养幼儿民族文化自信心和自豪感的重要方式。

可以看到，走近大师，就是幼儿与大师及其作品展开对话的过程，是幼儿基于互动进行自我建构的过程，是幼儿基于自我经验解读和理解艺术大师的过程，是幼儿从信息输入到信息输出的过程。

（一）从单向问答到艺术对话

在传统艺术欣赏活动中，教师多会用问答的方式来激发幼儿的审美表达："你看到了什么？你觉得画的是什么？这幅画给你什么样的感受？……"通常，在这个环节中一些有想法的幼儿会得到表达的机会，而另一些暂时还没有想法的幼儿可能会被忽略。所以，在激发幼儿审美体验和表达中，我们更主张用"艺术对话"来代替这种"单向问答"。所谓艺术对话，即通过描述、评论和开放性问题开启关于艺术的对话。

艺术对话有以下三个主要特点：

1. 双向交流的过程

这个对话可以是教师和幼儿之间，也可以是幼儿和幼儿之间。有问有答，有来有回。不仅是教师可以向儿童提问，儿童也可以向教师或者同伴提问。在这样的讨论中，不仅教师可以对儿童的想法进行理解和补充，儿童彼此之间也会有互相激发讨论的过程。

2. 对作品深入体验的过程

在艺术对话中,儿童对名画作品的欣赏不仅只是讨论看到什么,猜猜画的是什么,还可以更进一步讨论自己对作品的感受,更进一步想象作品表达的故事情景,以此来丰富和拓展儿童对于作品的经验。

3. 让每个儿童的想法都能被关注和尊重的过程

教师要尽可能地给予每个儿童参与对话的机会,如果是在时间有限的集体教学活动中,也可以通过同伴或小组交流的方式来完成。同时,幼儿的体验和想法都需要被认真地倾听、理解和尊重。

在众多的文学艺术理论中,"读者决定论"强调文学艺术作品中存在着大量的未定性、空白点,读者只有通过阅读文本和画面使未定性得以确定,使空白点得以填充,文本和画面才能被称为作品。整个欣赏的过程是幼儿、教师、文本之间对话的过程,是发现和建构作品意义的过程。因此,要尊重幼儿的主体地位,要珍视幼儿独特的感受、体验和理解,鼓励幼儿积极地、富有创意地建构文本意义和画面意义,逐步培养幼儿探究性欣赏和创造性解读的能力。这就是艺术对话的本源性要求。

(二)从名画作品到儿童生活

艺术来源于生活,儿童在与艺术作品发生互动时,常常会投射自己的生活经历。因此,在名画欣赏活动中,可以鼓励儿童尝试与自己的生活去建立更广泛的联结,以帮助幼儿更好地理解名画作品,并发掘生活中的审美要素。

名画作品和生活的联结通常可以从以下两个角度思考和实践:

1. 名画作品的主题内容与生活联结

案例 2-3-1 中艺术大师活动的开启源于幼儿直接的生活经验——师生童话剧《寻找中国龙》中的舞龙表演。于是,对于龙的文化内涵开展了深入探究,对于画家陈容先生作品的欣赏就有了现实的基础,也有了深化的必要。

2. 名画作品的美术要素与生活联结

在案例 2-3-1 中,幼儿和教师围绕龙的内涵,开展了更加广泛的讨论。基于日常的生活经验和艺术活动的感知,内化和理解龙的文化内涵。龙是中国古代传说中的瑞兽,也是中华民族精神的图腾,在中国传统文化中有着无可替代的地位,会出现在各种精美的玉礼器和青铜礼器上。随着龙文化的广泛传播和深入发展,也慢慢地演变为最具象征意义的吉祥符号,凝聚了中华民族博大精深的精神文化:锐意进取、自强不息、开放包容的精神追求。

无论是以上哪一种,在与生活联结的过程中,我们需要注意的是儿童的生活和成人的生活之间的差异,基于儿童视角开展名画欣赏活动,要避免将成人的生活经验强加给儿童。

(三)从要儿童表达到儿童想表达

如果艺术欣赏是幼儿自身的审美体验的过程,那么艺术表达就更应该是幼儿个性化表达的体现。在以往的艺术欣赏活动中,最后的艺术表现环节通常是一个高结构或者低结构的过程。无论是艺术要素、创作工具,还是表现主题等,教师通常会给予幼儿至少一个具体要求,幼儿则需要在规定时间内完成创作。那么,幼儿是否真的因为自己在名画欣赏体验中的愉悦感而得到了艺术创作的动力呢?有的时候并不尽然。所以,我们认为,一个基于儿童视角的艺术创作活动,应为儿童提供更低结构的创作环境。

第一,儿童是否有充分的选择权?儿童应自主选择工具、材料、创作的主题甚至创作的时间和空间。

第二,儿童是否有创作的愉悦感?要重视儿童在创作中是否表现出很高的投入度,并对自己完成的作品满意。

第三,儿童是否对创作有持续的动力?在一幅作品完成之后,儿童是否还有持续创作的热情,是否还能从作品中生发出新的想法等?我们的做法是将孩子们的作品制作成个别化游戏材料、画展、文创……有了这些后续的低结构活动,孩子们的名画欣赏才是自身的审美体验过程,才是充满个性化表达的体现。

在上述案例2-3-1中,因为有了大量的信息输入,有了充分的认知建构,有了完全的情绪激发,自主的创作就成为一种必然。于是,幼儿会"忍不住"亲自动手舞龙。

二、遇见大师——参观展馆

所谓遇见大师,即利用家园社艺术资源,邀请园外专业人士,以社会实践小组活动组织参观展馆,拓宽幼儿的艺术审美视野,作为家园社延伸活动进行。我们除了在园内开展艺术教育之外,还会组织孩子去参观美术馆,利用家园社艺术资源,邀请园外专业人士,以社会实践小组活动的方式组织参观展馆,拓宽孩子的艺术审美视野,让孩子在亲临艺术殿堂中感受艺术的美妙和乐趣。

在实践过程中,我们依据两条线索来选择美术馆:一是以展馆主题与作品内容为线索来选择,多元的展品、多样的呈现、多变的艺术会触发孩子的好奇心与兴趣性;二是以艺术大师与名作名画为线索来选择。幼儿熟悉的艺术大师和作品能带给其强烈的审美感受与体验。

(一)多元化观展

参观展馆的过程是幼儿、教师、文本之间对话的过程,是发现和建构作品意义的过程。为了帮助幼儿与艺术大师更加深入地互动,我们采用适切的方式解构观赏的作品,支持幼儿的感知和欣赏。

案例2-3-2:国花牡丹①

"美育不是把篮子装满,而是把灯点亮",让孩子有机会走进中国元素的艺术殿堂,欣赏水墨艺术中富含美好寓意和传颂中华美学思想的艺术画展,其重要性不言而喻。正巧"金石力,草木心——吴昌硕与上海"大型画展在中华艺术宫(上海美术馆)展出,而策划人吴越先生(吴昌硕曾孙)带领锦绣幼儿园的小朋友游览画展,不仅可以让孩子们感知中国画的水墨艺术和文化内涵,更激发新时代儿童的文化自信,让孩子们真正为"我是中国人"而骄傲。

此次画展,吴越先生亲自为孩子作"儿童版"导览,欣赏藏有各类花卉画作的展馆。吴越先生带着小朋友走到六幅花卉图的水墨作品前,和小朋友交谈起来。

吴老师:"小朋友,我考考你们这六幅花卉图你们认识吗?哪幅是牡丹?"

---

① 该案例由上海市浦东新区锦绣幼儿园黄淋苓老师提供。

孩子们从自己认识的花开始介绍,逐一排除。但他们没有认识过牡丹花,所以孩子们没回答出来。

吴老师:"第四幅是牡丹花,它的花瓣簇拥,花色鲜艳。牡丹可是中国的国花。旁边有一幅巨型的牡丹图,我们一起来看看。"

吴老师:"这幅牡丹图上你们看到了什么?"

小米:"我看到下面有绿色小草,还有白色的花。"

吴老师:"下面绿叶白花的是水仙花。除了花还看到了什么吗?"

心心:"还有石头,这些花肯定长在山上的。"

吴老师:"看得真仔细,牡丹、水仙和岩石生长在一起,很有生命力,不畏困难、茁壮成长。小朋友们碰到困难也要勇往直前,有拼搏进取精神! 你们再看看牡丹图有哪些颜色和形态? 有什么不一样?"

辰辰:"有红色和黄色的牡丹花。"

小悦:"有大大圆圆的牡丹和小小圆圆的牡丹。"

吴老师:"小朋友火眼金睛,小小圆圆的牡丹是花苞,还没有绽放。"

小米:"我看到山是淡淡的墨,牡丹花的叶子是深深的墨,花瓣一层层也有深有浅。"

吴老师:"你们知道深浅是怎么画出来的吗?"

红红:"我知道,水多就淡些,水少就深一点,我在幼儿园画过的。"

吴老师:"小朋友知识很丰富,吴昌硕爷爷酷爱画牡丹,猜一猜为什么他那么喜爱画牡丹?"

心心:"牡丹很漂亮。"

一一:"我猜是因为牡丹很顽强。"

吴老师:"你们说得都对,牡丹代表的是富贵长寿,就像我们的祖国强大昌盛,所以牡丹是中国的国花。在左边这行诗词中有这幅画的名字,叫'富贵神仙'。"

石头:"这是古代说的题词,我在幼儿园画水墨的时候也给自己的画题词了,叫作'一枝红梅'。"

吴老师:"小朋友真厉害,吴昌硕爷爷除了喜欢牡丹,他最爱画的就是梅花。我们前面看的第二幅就是梅花。天气越冷,梅花就开得越美,它不怕严寒,把自己美丽、芬芳都奉献给大家,梅花有不求回报默默付出的好品德。小朋友也不妨学学梅花的坚强和奉献精神。吴老师也希望你们能把中国传统文化传给自己以后的子子孙孙,不断传承下去,发扬光大。"

吴越先生介绍后,孩子们拿着画板记录自己喜欢的花卉作品,有的孩子说要把它带回去,用材料箱的材料做漂亮的牡丹花。

图 2-3-5 吴越先生带领幼儿参观"金石力,草木心——吴昌硕与上海"画展①

每次开展"遇见大师"参观展馆活动,我们都会安排一位老师做导览。导览教师需要提前了解场馆与作品,或是邀请展馆内的专业老师或志愿者来给孩子分享作品中的秘密。分享式观展更注重依据作品的关键点来与孩子做互动分享。注重导览老师与孩子,孩子与孩子之间的互动与分享,它不是简单的讲解与介绍,而是基于经验的互动与交流。在此过程中,营造彼此分享的氛围尤为重要,能帮助孩子对作品的关键内容印象深刻。案例中,画展是静态的,但是因为有了艺术家吴越先生的介绍,和作品背后的故事分享与花卉寓意的解释,孩子们全程听得很认真。从一幅幅画里,不仅能欣赏艺术美,更能欣赏艺术家的绘画精神和作画寓意。

---

① 该照片是由上海市浦东新区锦绣幼儿园黄淋苓老师拍摄的吴越先生带大家观展。

除此之外,我们形成了几种不同的观展方式,根据观展内容灵活组合。

1. 探讨式观展

观展要考虑孩子作为主角的感受与体验。他们好奇好动,喜欢新鲜有变化和富有创意的作品,因此在观展前我们会预先踩点,进行作品的筛检,选择与幼儿生活经验相近、年龄特点相符、艺术审美元素多元的作品来与孩子互动。探讨过程中需把握的关键是"平等",与孩子一起探讨作品内容,引发有趣的话题互动,去除对错见解之分。

2. 游戏式观展

孩子喜欢游戏,将观展与游戏相结合也不失为一种有趣的经历与体验。我们去当代艺术馆带孩子参观双年展时,就邀请园外专业老师采用游戏的方式来观展,边找符号边欣赏,整个观展就像玩迷宫游戏一样特别有趣。类似这样的方式,我们也尝试了用展览的导图,让孩子找线索寻作品。

3. 体验式观展

区别于成人的观展,孩子观展需要多种方式相结合,在观展中增加不同的体验来帮助孩子增加审美乐趣。如临摹作品,在自主时间里,孩子可以选择自己喜欢的画,带着画板用色笔勾勒和临摹。又如创作属于自己的作品,利用美术馆内工作坊的空间满足孩子自己创作作品的需求。

(二)拓展性建构

所谓"遇见大师",只不过是在强调场域的独特性,即在专业的美术展厅,具有更加浓厚的氛围。其实,"遇见大师"与"走近大师"类似,都是在围绕艺术大师及其作品进行教育活动的创生性实践。换言之,参观画展只是一个环节,而这一个环节可能就是一个契机,能够开启一个长周期、宽广度的项目学习。

所以,我们观展前请每个幼儿准备画板和笔,也提醒家长带好相机或用手机给孩子拍照,观展后幼儿自己记录美术馆中喜欢的作品,回园后通过照片、绘画、手工、视频、音频等呈现在教室里,这些都代表幼儿对美术馆的认识,是一个信息的输入,是一个认知的铺垫,是一个项目的开启……

案例2-3-3:国色天香牡丹花①

孩子们参观完吴昌硕画展后,对国花牡丹很感兴趣,而春天正是牡丹盛开的季节,是一个引导幼儿感受美、创造美的好机会。此外,中国艺术家都喜欢以牡丹为主题来创作,那如何让幼儿进一步感受中国水墨画的寓意?于是,我鼓励孩子一起收集关于牡丹的资料,通过讨论,分三个小组制作思维导图,开展"国色天香牡丹花"的美术欣赏活动。

活动一开始,每组幼儿都积极踊跃地分享收集的牡丹思维导图。嘻嘻率先举起了手,自信地往前一站,说道:"这是我们第一组收集的生活中的牡丹,有碗和盘子、布、糕点、衣服和牡丹鲜花。"第一组的小城立马补充道:"还有幼儿园外面墙壁上的牡丹雕刻。"接着,第二组的小小边指着自己的导图边说:"中间的是我们第二组收集的艺术大师的牡丹作品,这是张大千,他画的牡丹是大红色的,特别鲜艳明亮;下面的是吴昌硕画的《富贵神仙图》,图上的牡丹有深有浅,这幅画我们在参观美术馆的时候也看到过,意思是中华民族坚强、勇敢。"第二组的小石头继续介绍:"第三幅是齐白石的牡丹和桃子,这幅图中的牡丹是放在花瓶里的,用来装饰房间;最后一幅是石开的牡丹,五彩缤纷,有绽放的牡丹和还未绽放的牡丹花苞。"最后,第三组的小七迫不及待地介绍:"这是我们第三组在网上和书上找到的牡丹美好寓意。牡丹是中国的国花,它代表好运、富贵和强盛,所以牡丹经常作为礼物送给朋友。"天天举手说:"我在查找资料的时候,还发现牡丹代表长寿,所以齐白石爷爷那幅牡丹和桃子画在一起。""为什么要放桃子呢?"丢丢问。"爷爷奶奶生日的时候经常会放寿桃,就是长命百岁的意思。"天天解释道。"对,对,上次我们去齐白石画展也看到的呀。"小朋友对牡丹话题的踊跃都是来自自己收集的资料和参观展馆的经验,同伴之间的交流和探讨使其知道了牡丹对同伴、长辈和国家的美好寓意。

我也带来一段自己准备的教学视频《牡丹》,让孩子们共同观看,并互动讨论。

---

① 该案例由上海市浦东新区锦绣幼儿园黄淋苓老师提供。

"视频里的牡丹给你哪些新的感受、特别美的地方？"孩子们纷纷回答："我看到牡丹绽放盛开，花瓣一层层的，好美丽。""我看到雨滴落在牡丹上，美丽动人。""我看到牡丹花有很多颜色，名字也很好听。""牡丹还可以做茶和菜。"孩子们用自己的语言表达视频中对牡丹的感受。

"那你们能不能用动作来表现牡丹美的样子呢？"我继续问。孩子们有的一个人上来用双手合十打开，有的两个人一起手脚并用表现盛开的牡丹花，还有的一个小组成员都上来，用移动的手臂和抖动的手指来展现随风摇曳的牡丹。孩子们用自己的行为艺术表现牡丹也这么活灵活现。

我又追问："你会用哪些好听的词来形容牡丹？"孩子们又积极举手，"牡丹雍容华贵。""牡丹花的颜色姹紫嫣红。""牡丹国色天香，富贵长寿。"我竖起大拇指说："你们真厉害！知道这么多好听的词语。牡丹是中国的国花，早在唐朝，我们就将中国的国花送给外国的使者；在国宴上，我们也喜欢用牡丹作为背景墙，让更多的人欣赏牡丹的美，它寓意着中国的富强。"

活动后，孩子们说要共同布置一个牡丹角，用各种材料来创作自己心目中最美的牡丹图。天天用彩纸卷、撕的形式创作了一幅绽放的牡丹图，马上要母亲节了，把这幅娇艳欲滴的牡丹图送给妈妈正合适，她说希望自己的妈妈像牡丹花一样美丽、富贵。满满画了一幅水墨牡丹，她说："微风吹过，牡

图 2-3-6　幼儿创作的"牡丹图"①　　　图 2-3-7　幼儿创作的"牡丹图"②

①② 该照片是上海市浦东新区锦绣幼儿园黄淋苓老师拍摄的幼儿小组作品。

丹花瓣在空中慢慢飘落,落在泥土中变成肥料,下一年的牡丹花会绽放得更艳丽。"小朋友绘制的牡丹图融入了对长辈的爱以及对大自然生生不息的期待。

在案例2-3-3中,教师从小组分享思维导图入手,调动幼儿的主动性和积极性,引导幼儿主动收集相关资料和信息,满足幼儿与他人分享牡丹美好寓意的成就感。除了用语言表达,教师还鼓励孩子用肢体语言来表征牡丹的形态。幼儿都十分投入,将自己的认知感受与牡丹的形态特征做匹配,能通过表情、动作、语言来表达对牡丹的感知与体验。

三、玩美大师——艺术创意

所谓"玩美大师",即结合一日活动中的环节,包括生活活动、自由活动、自主游戏、个别化学习、创意室活动和混班混龄的艺术小社团活动等,以低结构活动形态鼓励幼儿自主艺术表现与艺术创作,让幼儿表现美、创造美。

《3—6岁儿童学习与发展指南》强调:"艺术是人类感受美、表现美和创造美的重要形式,也是表达自己对周围世界的认识和情绪态度的独特方式。"因此,美术教育活动应该是幼儿通过美术作品表现内心感受和想法的途径,也是幼儿认识世界和表达世界的方式。为此,教师应追随幼儿兴趣和需要,创设有利于幼儿表达情感的情景并提供适合的表现材料,引发幼儿内在情感体验的自然流淌,提升幼儿的审美感知和审美体验,进而促进其进行创造性的表达表现。"玩美大师"的功能定位就是支持幼儿的个性化表达和创造性表现。

(一)自主游戏中的艺术创意

在幼儿园,艺术创意会自发出现在幼儿的自主游戏中。自主游戏有角色游戏、结构游戏、沙水游戏、表演游戏等。教师提供各种低结构材料,如自然物、生活材料、废旧材料、积木、美工材料等,幼儿会根据自己的需要自主加工组合材料,奇思妙想地创造出让他们游戏得到快乐的作品,其中不乏艺术创意的作品。

图 2-3-8　结构游戏-火箭发射①　　　　图 2-3-9　户外游戏-带有吸盘的章鱼②

（二）艺术小社团

　　艺术小社团秉持的宗旨是丰富幼儿艺术视野,满足兴趣与需要;主张幼儿自主选择,自由表达与交流,给予幼儿不同机会,获得体验与发展。在社团里,孩子们成为艺术的主角,有模仿有创新。艺术小社团涉及音乐类、美术类、建构类三种,其中美术类的小社团有创意画、油画、国画、泥塑、纸艺等。在油画社团里,幼儿体验油画的乐趣,借鉴艺术大师的作品来模仿与创作。在国画社团里,幼儿自主运用笔墨纸砚来感受中国水墨画的意境之美。在纸艺社团里,教师提供非遗的各类与纸有关的作品给幼儿欣赏,如剪纸、蜡染、折纸等大师作品,让他们自己尝试看图纸来艺术探索。

（三）美工区角和艺术大师主题馆

　　班级美工区是教师为幼儿提供一个自由欣赏和创作美术作品的个别化学习区角,也是幼儿在幼儿园最便捷、契机最多的艺术创意区域。为了推进审美课程的实

----

① 该照片是由上海市浦东新区锦绣幼儿园宋莉老师拍摄的幼儿结构游戏作品。

② 该照片是由上海市浦东新区锦绣幼儿园瞿婷婷老师拍摄的幼儿户外游戏作品。

图 2-3-10　幼儿纸艺社作品①

图 2-3-11　幼儿国画社创作②

施,我们可以看到在每个班级的教室里,教师创设了独具一格的"艺术大师小天地"。主题墙上,有教师、幼儿和家长共同收集的艺术大师海报,幼儿用图符记录对大师名画的发现,教师用思维导图的方式呈现幼儿自己寻找的问题的答案。橱柜上,有艺术大师的图册、作品,以及本班"走近大师"主题材料,幼儿在个别化学习时间进行自主体验,有个人作品也有结伴的小组作品,他们沉迷于充满大师魅力的美工区自主创意。

　　为了让幼儿更好地浸润在艺术大师课程中,我们对美术创意室进行了改造,并赋予了它一个新的名字——"艺术大师主题馆"。我们在布局、材料上做了系列的改革。在以审美感受为主的艺术空间打造上,我们提供了三种墙:第一,"艺术大师绘本墙",提供适合儿童看的艺术大师图册、绘本、插画作品;第二,"艺术大师主题墙",通过移动式窗户,将艺术大师的肖像和作品以及孩子的作品放入其中分享;第三,"艺术大师影像墙",每个区域都有大师的身影,用大师的作品作为隔断,将大师的元素融合在环境中。在以审美表现为主的艺术空间打造上,我们的特色做法是:第一,彰显大师风格,合理布局。我们把各个大师的审美元素和代表作进行整理、对比,并把它们融合到各个区域中。第二,整合大师元素,提供材料。我们除了尽可能提供多样性的美工材料,还特别提供与大师元素有关的材料与装置,以及引发与支持幼儿与材料之间相互作用的特殊材料。

---

① 该照片是由上海市浦东新区锦绣幼儿园杨家茜老师拍摄的幼儿在纸艺社创作的场景。

② 该照片是由上海市浦东新区锦绣幼儿园俞蓉敏老师拍摄的幼儿在国画社创作的场景。

（四）室内外环境

幼儿的艺术环境不仅在教室和活动室,更在幼儿园的每个场所,包括走廊、户外。只要合理开放空间和功能定位设计,就会让幼儿体验到无处不在的艺术氛围。我们着重探究了户外场域中的幼儿创意美术,即在户外场地,利用户外的自然材料或生活中的废旧材料进行美术想象创造的活动。它不同于室内美术创意活动,神奇的大自然,可以给幼儿提供无穷的创作素材,大自然的一花一石、一草一木都对幼儿有着很大的吸引力。大自然就是幼儿最美的画布、最丰富的材料,幼儿更像是在自由游戏,或是涂鸦,或是拼贴,或是组合,或是堆砌,他们用自己的方式创造属于他们自己的世界,让我们看到他们如群星一般的闪耀。

案例2-3-4:泼墨游戏①

除了个别化学习活动外,我们还一起走出教室,在户外开展集体创作。这天阳光正好,孩子们带着自己的绘画工具来到户外,在听了老师的一些提示后,就开始了自己的创作。

活动中,孩子们的玩墨工具越来越多样,不仅有吹泡泡,还有喷壶、滴管、各种模型等,把传统水墨画变成了另一道风景线。

闹闹使用了滴管,她用大小粗细不一的滴管蘸取水墨,在宣纸上挤出墨汁,墨汁滴落在宣纸上,印出大大小小的"太阳"痕迹。闹闹乐坏了,她大声跟旁边的同伴亮亮说道:"你看我画了好多太阳花!"

亮亮:"都是黑的,不像花呀。"

闹闹:"那我用点红色的。"

说完,闹闹就去换上画水墨用的红颜料了……

而在另一边,圆圆往喷壶里灌满了黑色墨汁,在报纸上先试着喷了一下,墨汁在报纸上留下了许多小点点,密密麻麻的。

圆圆立马大声说:"下'黑雨'啦,哈哈哈……"

---

① 该案例由上海市浦东新区锦绣幼儿园潘静超老师提供。

闹闹:"我也想下'黑雨',让我试试你的好吗?"

圆圆:"等我再喷一次就给你。"

此时手拿沐浴球的凌凌过来了,他的沐浴球上蘸满了墨汁,凌凌一边走一边在观察。

凌凌:"我来盖章了,谁要盖章?"

说完,凌凌就用力把蘸满墨汁的沐浴球按在了宣纸上,当他放手后,宣纸上出现了有小孔的网格,但一会儿就被化开的墨汁填满了,乍一看就像一条条黑色小蚯蚓。

由于闹闹先用了其他颜色,引发其他孩子模仿的热情。于是,孩子们的创作从一开始的"黑白墨"最后变成"五颜六色的墨"……

图 2 - 3 - 12 幼儿泼墨创作中①   图 2 - 3 - 13 幼儿泼墨作品②

四、小小大师——幼儿画展

所谓"小小大师",即利用学校和社区展馆资源,组织幼儿画展,搭建用艺术装点生活与环境的展示平台,鼓励幼儿向成人和伙伴分享作品,画展地点可向家庭、社区延伸。

---

① 该照片是由上海市浦东新区锦绣幼儿园潘静超老师拍摄的幼儿泼墨活动。

② 该照片是由上海市浦东新区锦绣幼儿园潘静超老师拍摄的幼儿泼墨作品。

著名心理学家布朗芬布伦纳在人类发展生态学理论中强调，个体所扮演的角色是环境的重要因素，对个体的发展产生着最为直接的影响。换言之，当个体在活动中是主动的、自主的、积极的，并且得到成人的认可和鼓励，那么幼儿的自主活动将更加有效地出现。于是，我们将幼儿视为小小大师，充分尊重幼儿美的创造者的主体角色，支持幼儿像艺术大师一样，自由地表达和创作。

幼儿园利用学校和社区展馆资源，组织开展幼儿画展，搭建用艺术装点生活与环境的展示平台，鼓励幼儿向成人和伙伴分享作品，能帮助幼儿更好地审美。

教室里可以有"我们"的儿童布展。每个班级的幼儿对于画展都有其个性的规划，布展需遵循三大原则：收集幼儿意见、整理幼儿想法、决策布展方式。

教师给予幼儿足够的自主权，把幼儿的想法进行归纳和梳理，幼儿投票，达成一致。幼儿园建立"大家"的画展，我们从"班本化画展"拓展到公共空间的"一米画展"，打造小小美术馆。我们意识到幼儿园的角角落落都是渗透艺术审美的场地，在楼梯的拐角处，教师与幼儿共同商议、决策、构建属于他们的立体画展"宫殿"，而后为了让画展作品长期保存，我们又将幼儿的作品衍生成艺术产品。在办展的过程中形成了五种画展呈现方式。

1. 互动式画展

在每一处画展前，我们会准备相应的材料或"能玩、会动"的作品，引领幼儿去探求、去体验、去领略艺术带来的那份满足和参与时的那份投入，并大胆地表现自己的性情。

2. 触摸式画展

创设一个用手"触摸"的画展，令幼儿体验一把触觉盛宴。通过触摸皮毛、软硬、平滑、毛糙等的物体，获得简单的感性认识。在观展中，幼儿体验触摸游戏带来的快乐，调动多种感官"欣赏"奇妙画展。

3. 聆听式画展

通过色彩与音符的碰撞，去触及幼儿的感知觉。根据大师的作品内涵和作品内容配备语音、音乐、诗词歌赋，让幼儿有更丰富的观感。

4. 胶片式画展

在展示幼儿作品的同时呈现他们创作时期的照片，就像电影胶片一样。从一张张幼儿创作的照片中可清晰地看到他们的思维过程，也能发现幼儿发生的困境，是如何解决的，等等。它引导观展之人关注作品的同时，还能了解到小小艺术大师为之付出的努力，给予孩子欣赏与支持。

5. 注解式画展

"注解"顾名思义是一种在展示作品的同时呈现作品含义的展示方式，即教师在幼儿完成艺术作品后，倾听幼儿对作品的解读并用录音、文字、视频等方式记录，展示时幼儿作品与其"注解"一起呈现，注重儿童真实的"画语"解读。

综上所述，我们的美育实践依托艺术大师及其艺术作品，链接作品与生活的场景，拓展场域，从校园到家庭和社区，设计和组织丰富的、多元的、适宜的、有意义的活动；在活动中，不仅仅关注幼儿审美知识与技能的习得，更为重要的是关注幼儿自身对艺术作品的审美感受与体验，对内心真实情感理解的审美表达与表现，充分尊重幼儿主体性地位。我们关注幼儿在活动中，与环境和不同角色的充分互动。教师深入挖掘中国艺术大师作品内涵中的情感、意境、色彩、内容、画法等审美因素，通过适宜的方式，刺激幼儿审美感知与鼓励幼儿审美想象；同时，我们还会挖掘社区中的审美资源，邀请专业人士，与幼儿建立链接，参与互动，促进幼儿审美情感的发展。我们为幼儿提供机会和平台，支持幼儿以艺术大师的角色，自主、积极、主动地进行艺术表达和表现。

第三章

审美立德的内在机制与实践策略

审美立德即在幼儿园美术审美教育活动中的德育价值及其实现策略。在前两章中,我们论证了审美立德的可能性,并厘清了审美立德的实践主线,即美术审美的教育活动。因为,在美术审美的各个实践环节,都蕴含着德育的元素。

那么,美术审美如何立德呢? 如何做才能在幼儿园美术审美的教育活动中,推动立德任务的实现? 审美以立德的实践机制是什么呢? 审美立德的实现,需要教师如何扎根美术审美的实践,捕捉教育契机,挖掘其中的德育元素,推动德育价值的实现?

本章将围绕审美立德的内在机制和实践路径逐一展开论述。

第一节 审美怎么立德

审美与立德、美育与德育本属不同的领域,有着不同的内在逻辑和实践规律:德育是社会领域的范畴,具有潜移默化的特点。幼儿道德认知、道德态度和道德情感的培养应渗透在多种活动和一日生活的各个环节之中,需要幼儿园、家庭和社会密切合作,协调一致,避免单一呆板的言语说教;而美育则强调引导幼儿接触周围环境和生活中美好的人、事、物,丰富他们的感性经验和审美情趣,激发他们表现美、创造美的情趣,进而需要提供幼儿自由表现的机会,鼓励幼儿用不同的艺术形式大胆地表达自己的情感、理解和想象。

本研究着力探究审美立德,已在前两章中充分论证了审美与立德之间的逻辑关联,那么,两者能够有机融合、相互渗透的现实机制是什么呢?

一、情感的枢纽:道德情感与审美情感

审美与立德之间的运行机制,有一个重要的枢纽:情感。

首先,从美育角度看,审美教育本质上是审美情感教育。因此,审美教育应当基于具体生动的感官形象,着重唤起人们的情感认同和共鸣。正如《幼儿园教育指导纲要(试行)》所强调的,艺术是实施美育的主要途径,应充分发挥艺术的情感教育功能,注重幼儿在活动过程中的情感体验和态度的倾向,促进幼儿健全人格的形成。教师的作用应主要在于引导幼儿接触周围环境和生活中美好的人、事、物,丰富他们的感性经验,激发幼儿感受美、表现美的情趣,支持幼儿富有个性和创造性的表现,使之体验自由表达和创造的快乐。

其次,从德育的角度看,情感教育不仅是德育的重要路径,更是德育的应有之义。作为手段和载体,情感教育基于适恰的教学方式,引导幼儿深入的情感体验,是培养良好的道德行为,形成优质的道德教育艺术化形态的必由之路;作为目的和愿景,情感教育是为了培养感情,关怀的是人的情感,重视个体的社会性品质的培养,不断强化个体的情感调控能力,磨炼个体的意志,通过对个体与环境之间的调控,从而产生健全的人格特征、个性以及积极的情感体验,指向个体的情感系统和意志、认知、行为系统平衡发展。

因此,情感体验是美育和德育、审美和立德的实践抓手和原则,也是审美立德的关键枢纽和节点。这种关联机制强有力地表现为教育实践中审美目标与德育目标的有机融合。

美育目标与德育目标有机融合于美术审美活动之中。美育发展人的感性能力,使人保持活泼的生命力和创新的动力,培养人的感性和理性能力协调发展,从而促进人的全面发展,有助于人格的完善。德育也有助于美育,正是借助融入伦理性的审美媒介,美育才具有净化情感、塑造人格的作用。

具体而言,美育目标的达成有赖于道德情感的激发,而德育目标的实现也依赖审美经验的积淀。比如,在中班美术审美活动"程十发爷爷的连环画"中,作为花鸟画画家,中国海派书画画家程十发在花鸟画这片与自然之物心交神往的天地里,仿佛取得了更多的自由。他的人物花鸟画取法于诸家,并吸收民间艺术之营养,融会贯通,墨法灵动、色彩明艳、构成新颖,既继承传统,又超越古人。

程十发的代表作水墨动画《鹿铃》，讲述了一个感人至深的故事：

> 小鹿原本与鹿爸爸鹿妈妈无忧无虑地生活在森林中。有一天，一只老鹰袭击了小鹿一家，鹿爸爸和鹿妈妈为保护小鹿与老鹰缠斗成一团，受伤的小鹿在惊吓之中却不幸与父母走散了。心地善良的女孩与爷爷以采药为生。这天，他们在深山采摘草药时碰到惊慌受伤的小鹿，便救下了它。女孩和爷爷把小鹿带回家，在爷孙俩的细心照料下，小鹿逐渐恢复健康，并慢慢与女孩成为形影不离的好伙伴。日子一天一天过去，这天小鹿陪女孩到山里采药时，再次碰到了袭击过它的老鹰，小鹿受了惊吓，女孩为保护小鹿也受了重伤。躺在床上的女孩给小鹿戴上一个铃铛，这样，小鹿走到哪里，女孩都能听到。小鹿为报答女孩，做了许多女孩曾为它做过的事情：上山采药、赶集卖药、采购食品。女孩的身体好了起来。这天小鹿随女孩及爷爷在山上采药时，与失散的鹿爸爸鹿妈妈相遇了。小鹿决定重新回到自己的父母身边。告别的这一刻，女孩虽然舍不得小鹿，可她还是选择尊重小鹿的决定，让它回到属于它自己的地方。女孩看着小鹿渐渐走远，鹿铃声在山林里久久回荡。

《鹿铃》是一部很温暖的水墨画动画片，引发幼儿爱护、照顾，与动物友好相处的美好情感。

案例 3-1-1：鹿铃①

辰辰："小鹿受伤了，小女孩救了小鹿，把小鹿带回了家，给它做了个稻草的家，陪着小鹿玩，照顾小鹿。"

老师："铃铛第一次出现时，是在女孩将小鹿救回家之后。小鹿因陌生的环境不吃不喝，女孩用铃铛逗小鹿开心，让小鹿慢慢平静下来，感受到了小女孩的善良和关心。"

小米："老鹰又来了，小鹿很害怕不停地跑，小女孩在后面追小鹿，在摇铃时，小女孩还摔跤了。"

---

① 该案例由上海市浦东新区冰厂田幼儿园黄淋苓老师提供。

老师："铃铛的第二次出现，是小鹿再次遇见老鹰时。小鹿因恐惧而到处乱跑，女孩在追赶的过程中意外跌倒，这时铃铛不慎掉落，小鹿听见了铃铛声，镇定下来，停下了脚步。"

心心："小鹿找到了爸爸妈妈，它要和爸爸妈妈在一起，小女孩和小鹿要分开了很难过，然后小鹿把铃铛送还给了小女孩。"

老师："铃铛的第三次出现，是结尾女孩与小鹿分别的时候。当小鹿找到父母，决定回到森林时，女孩将铃铛再次送给了它。他们心里都很难过，但小鹿是生活在树林里的，小女孩用铃铛祝福小鹿平安健康。以后听到铃铛声，就知道亲爱的小鹿在快乐地生活。"

在上述案例的基础上，教师利用程十发美术馆资源，引导幼儿开展了一场赏学寻趣的园外美育体验。漫步参观正式开始后，幼儿在教师和家长志愿者的陪同下，驻足在美术作品前，共同探讨作品背后的文化内涵。

基于审美经验的情感体验，激发出幼儿关爱小动物的价值认同，并生成了照顾幼儿园动物的课程主题，如照顾兔子"奶糖"、小仓鼠、乌龟等，还帮助它们建造过冬的家（运用多种低结构材料）、迷宫等，使用各种材料、工具和方法进行手工制作等方式表现自己的所见所想，有初步想象创新的能力，体会与动物和谐相处的美好。

图 3-1-1　幼儿照顾小兔子①

---

① 该照片是由上海市浦东新区锦绣幼儿园黄淋苓老师拍摄的幼儿在照顾兔子。

辰辰："我们在幼儿园照顾'奶糖'（兔子），给它打扫笼子、喂它吃饭、摸摸它、轻轻地抱抱它，还给它做了过冬的暖暖屋。"

小溪："你看，这是我带来的保温袋子，贴在外面肯定很暖和。"

甜甜："我们给'奶糖'制作暖暖屋，马上就要冬天了，我们要给它过冬。看我们用纸盒子、保暖袋做成一个温暖的家，里面铺上了毛茸茸的毯子，还用了树叶做装饰，'奶糖'可喜欢了。"

心心："我想要抱'奶糖'，可是它老跑掉。"

老师："要温柔地把它的屁股托起来，另一只手抱它的前肢，'奶糖'觉得舒服了就不会乱跑啦！我们一定要轻轻地，姿势也要对哦。"

表 3-1-1　活动"程十发爷爷的连环画"的目标预设

年龄段	美育目标	德育目标
中班	1. 感受艺术大师程十发创作的连环画、动画作品中的美好、善良。 2. 喜欢在展馆中欣赏美的事物并大胆表达自己对作品的理解。 3. 感知儿童题材水墨绘画的特点，根据画面信息进行联想与表达。	1. 热爱自然，爱护小动物，感受人与自然之间相处的美好。 2. 体会爱生活、爱劳动、爱学习的美好情感。

本活动的美育目标指向幼儿对美的感受和欣赏，这里的美不仅仅包括视觉感官的性状之美，还包含爱护动物的人文之美。直观的画面感知，加上道德认知的支撑，充分强化了幼儿的审美情感。

与此同时，幼儿的审美感知和审美想象，激发了幼儿内在的感性经验，有助于幼儿内化和理解"热爱自然，爱护小动物，感受人与自然之间相处的美好"的道德规范，有助于幼儿道德行为的养成。

在此过程中，幼儿的直观感受和情感体验既是审美情感，也是道德情感，两者一体两面，密不可分。

因此，审美与立德、德育与美育相对独立，但又相互支撑和促进，密不可分。两者的有机融合具有坚实的实践基础，即指向审美立德的教育活动；也有清晰的实践抓手，即一体两面的审美情感和道德情感。

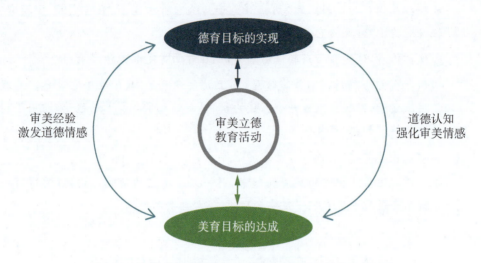

图 3-1-2　美术审美教育活动中的德育目标和美育目标关系

当然,需要说明的是,在审美立德过程中,认知对于情感唤起起着举足轻重的作用。情感与认知同为人的两种相互依存、不可分割的心理过程。心理学研究表明,情感对认知具有发动、组织、调节的重大作用,同样,在情绪发生、情感形成的心理机制中,认知也是一个重要因素。情感是人对客观事物是否符合自己需要的体验,因此需要是情感产生的基础,而个体社会性需要的形成和发展,认知在其中起着很大的作用。客观事物和需要并不能够直接转化为情感,中间还需要通过认知这一中介对他们之间的关系进行认知评价,从而产生情感体验。因而,通过调节认知评价和提高对需要的认识,可以影响个体的情感。

二、内在的机制:感受欣赏与表达创作

前面,我们厘清了美术审美与立德树人的逻辑关系,并厘定了审美立德的现实机制和实践抓手——情感体验。那么,审美立德的实践路线是什么?换言之,在美术审美的教育活动中,存在着哪些德育元素?应当如何挖掘和实现这些德育价值呢?

(一)美术审美中的两组关系

艺术是实施美育最主要、最基本、最重要的途径。在艺术审美的实践中,贯穿着

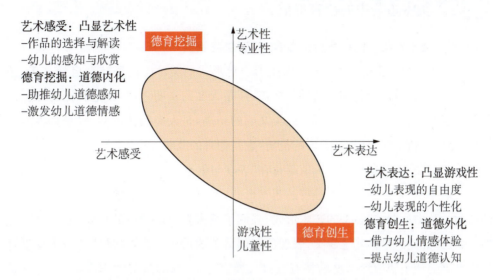

图 3-1-3　指向审美立德的美术审美教育活动的逻辑分析框架

两组基本关系,是教师应当而且必须面对的基本矛盾。

1. "感知与欣赏"和"表达与创造"

《3—6 岁儿童学习与发展指南》对艺术领域的梳理,分为"感受与欣赏"和"表现与创造"两个环节。"感受与欣赏"在前,是信息的输入,是审美经验的积累,是审美情感的激发;"表现与创造"在后,是信息的输出,是审美经验的表征,审美情感的表达。

2. "艺术性、专业性"和"游戏性、儿童性"

《幼儿园教育指导纲要(试行)》要求"幼儿的创作过程和作品是他们表达自己的认识和情感的重要方式,应支持幼儿富有个性和创造性的表现,克服过分强调技能技巧和标准化要求的偏向";"幼儿艺术活动的能力是在大胆表现的过程中逐渐发展起来的,教师的作用主要在于激发幼儿感受美、表现美的情趣,丰富他们的审美经验,使之体验自由表达和创造的快乐。在此基础上,根据幼儿的发展状况和需要,对表现方式和方法上给予适时、适当的指导"——这些论述和要求无不在强调对"艺术性、专业性"和"游戏性、儿童性"的平衡和把握。

（二）美术审美中的德育价值

首先，美术审美中的德育价值蕴含在"感受与欣赏"之中。

美术审美是审美的过程，必然依托于一定形式的美。无论是社会自然之美，还是美术作品之美；无论是感官的性状之美，还是人文的文明之美，或是科探的理性之美——这些美的事物或元素，都是人类文明的结晶，是人类的普世共识；是真善美的指代，是思想情感的表征；是美育的范畴，也是德育的范畴。

其次，美术审美中的德育价值蕴含在"表现与创造"之中。

所谓美术，是指利用美术独特的艺术形式，通过塑造空间形象，进行个性化表达的活动。其中所谓的"独特的艺术形式"强调了美术教育活动中的技能、方法，而"个性化表达"强调的是幼儿感受美、表现美和创造美的重要形式，也是幼儿表达自己对周围世界的认识和情绪态度的特有方式。换言之，创作的是美术作品，表达的是思想情感。无论是思想认知，抑或情感态度，都是德育的重要范畴。

（三）美术审美立德的实施路径

1. 美的"感受与欣赏"之中的德育价值，需要"挖掘"

如前所述，作为一种文化形式，艺术大师的艺术作品天然地承载着社会文化的核心价值观，是幼儿德育的重要抓手，是幼儿传承社会价值观念的载体。因此，我们紧密依托美术审美的活动主线，在"感受与欣赏"环节，着力于挖掘德育元素。

之所以说是"挖掘"，是因为德育的价值是既定的、已然存在的——既定存在于自然环境之中、社会生活之中、艺术大师及其作品之中。教师需要做的是一方面充分解读这些"美"，另一方面采用适宜的方式，将这些"美"有效展示给幼儿，引导幼儿通过多通道感官，充分感受和欣赏这些"美"。

通过感受与欣赏，挖掘美术大师及其作品中的德育价值，体现了审美立德的内在机制，即美育引导理性回归感性，有助于作为实践理性的内在的"善"趋向个体感性欲求、意向的融合，从而构成伦理意志的自由选择。简而言之，在美育的过程中，教师采用各种适宜幼儿的途径和方式，丰富幼儿的审美感知，拓展幼儿的审美想象，激发幼儿的审美情感，在这个过程中，激发的还有幼儿的道德情感，进而强化了幼儿的道德感知，把原本生硬的道德规范，内化为幼儿自内而外的道德认同。

案例3-1-2:欣赏丰子恺《护生画集》[①]

丰子恺有着国画的深厚根基,寥寥几笔,就勾勒出生动的图像,其作品《护生画集》取自现实题材,通过拟人化的手法,将读者带入动物世界,往往带有"温情的讽刺",意在激发人们的同理心。

老师:"你的图片上有什么? 它在干什么? 你怎么知道它开心(伤心)?"

孩子讨论:"动物也有妈妈,动物也有宝宝,动物也有自己的朋友。""它们能帮助人做很多事情,它们需要大家爱护。""它们开心时会咧开嘴,会蹦跳、会飞翔。它们伤心难过时会低头,也会流眼泪。"……

老师:"我们周围有动物吗? 它们是谁? 它们看到人们会怎么样?"

暖暖:"教室里有小金鱼,它们每天都游得很欢乐。"

天天:"我的家里养了猫咪,它每天都会粘在我身边陪着我,但是它害怕陌生人。"

老师:"有的小朋友家里会养宠物,有猫、狗、鱼、鸟、乌龟,它们喜欢和人在一起,大家都会照顾它们。幼儿园会养蝌蚪、金鱼、乌龟,小朋友会照顾它们、观察它们。还有许多动物生活在周围,树上的鸟、草丛里的猫、有时也会有流浪小动物,它们看到人有点怕,人走近就会逃开。"

老师:"那你们喜欢动物吗? 你们照顾过它们吗? 是怎么照顾的?"

贤诚:"我最喜欢小仓鼠了。前几天我们去看过哥哥姐姐们在幼儿园养的小仓鼠,我还给它喂了食物,小仓鼠吃得很开心。然后我还给它换了笼子里的面包屑,让他的家干干净净。"

呦呦:"幼儿园里的'奶糖'是一只可爱的兔子,我每天都会去看它,它看到小朋友会有点害怕也会有点兴奋,有那么多人来陪它。"

等等:"小区楼下有好几只流浪猫,我每次去小花园玩耍的时候都会让妈妈帮我带上一点猫粮和水,放在树下它们经常去的地方,给它们吃食物。虽然是流浪的小猫,但是它们很可爱温顺,不会咬人。"

老师:"小动物很可爱,小朋友会喂它们吃东西,给它们清洁小小的家。

[①] 该案例由上海市浦东新区冰厂田幼儿园俞婷婷老师提供。

生活在野外的动物,不要去伤害它们,也不要打扰它们,它们在天空自由飞翔,在草丛寻找食物,它们自由自在,是很快乐的。"

在照料动物的过程中,有孩子会用长柄夹去夹兔子、拎着兔耳朵摔兔子,看到蚊子、蚂蚁、蜘蛛也会有孩子脱口而出"打死它",对于比他们更加弱小的生命,有些孩子表现出的是野蛮和暴力。

通过欣赏丰子恺大师的《护生画集》,孩子们聚焦这些弱小的生命,即使是一根小小的野草,也能冲破坚硬的砖墙,破土而出,这些生动的画面对幼儿关于生命力量的思考触动非常大,也许弱小者终将强大,强大者也曾经历弱小,或最终成为弱小。这是人类利他本性善的表现。

2. 美的"表现与创造"之中的德育价值,需要"创生"

如前所述,作为一种表征形式和手段,美术活动天然地扮演着创作者的心灵通道,是幼儿表达思想情感的途径。因此,我们紧密依托美术审美的活动主线,在"表现与创造"环节,着力于德育价值的创生。

之所以说是"创生",是因为德育的价值不是既定的、已然存在的——是幼儿自主表达过程中无意识的流露,是幼儿基于信息输入而引发的情感共鸣或认知建构,是朦胧的、稚嫩的、感性的。教师需要做的是鼓励幼儿的大胆探索与自由表达,充分表达自己的感受和体验;耐心倾听,努力理解幼儿的想法与感受,善于发现其中的德育价值,把握教育契机,积极引导,推动感性经验走向认知提升,推动幼儿德育的实现。

案例 3-1-3:偏爱小兔[①]

孩子们在小班时共同饲养了一只垂耳兔,因为浑身长满灰色的毛,便给它起名叫"灰灰"。初次见到灰灰时,它只有 2 个月大,孩子们非常喜欢它,不

---

① 该案例由上海市浦东新区冰厂田幼儿园俞婷婷老师提供。

舍得把它放到户外,便养在班级的小笼子里。

后来,孩子们把长大的灰灰放进幼儿园的萌宠乐园里,发现三只兔子总是发生"争吵",为了不让自己的"灰灰"被咬伤,孩子们开始对白兔子出现了暴力攻击的行为,对其他动物的照顾也只停留在看看而已。

为了激发孩子们尊重自然、爱护动物、有同情心的美好情感,老师链接到了艺术大师丰子恺,因为丰子恺大师认为美的心境就是同情心的发展,保护好儿童独特的同情观,是健全人格的重要因素,是形成良好品格的关键,也是增强幼儿审美意识的重要途径,和课程目标相契合。于是,开启了一场孩子们与动物生命之间的交流活动。

老师在丰子恺大师的《护生画集》中选择了9张作品和孩子们共同欣赏。他们看到了不一样的生命,有破砖而出的小草,有嗷嗷待哺的小鸟,有充满母爱的母鸡……于是,我问孩子们:"你最喜欢哪一幅作品呢?"

贤诚:"我最喜欢小鱼那一幅,我平时想要看鱼,鱼都藏起来了。"

老师:"我们平时看鱼的时候总是很大声,还要用手去捞鱼,它们会感到紧张害怕,对待小生命我们要温柔有耐心。"

等等:"我最喜欢一根小苗苗在墙上长出来,小苗苗都是在地上长出来的,怎么会在墙上长出来呢?"

老师:"小草的生命很强大,只要有机会它就会努力生长,即使是这么坚硬的砖墙,也能破砖而出,真的太有力量了。"

妍妍:"我最喜欢母鸡背着小鸡的那幅画,母鸡怎么也像人一样?"

老师:"动物和人一样,作为爸爸妈妈也很爱自己的孩子。"

作品里人与植物、动物之间的关系,和孩子们在游戏场地中的经历产生了认知冲突,引发了他们的好奇。于是我又问孩子们:"作品中的人是怎么照顾动物的? 和我们有什么不一样?"

裕宝:"动物都没有关在笼子里,很自由。"

老师:"我们每天有很多时间在户外活动,你们感到很自由很快乐,动物朋友也需要这样的快乐。"

嘉宝:"他们给动物很多好吃的,每个动物都能吃到。"

老师："足够的食物是动物朋友需要的,不然它们也会发生争吵的。"

于是,孩子们也想像丰子恺爷爷一样把爱护动物的行为画下来,他们将自己的感受创作成了一幅幅保护动物倡议书。

图3-1-4 《保护企鹅》凤梨 五岁　　图3-1-5 《胆小的孔雀》昕昕 五岁

在一次游戏分享环节,当孩子们听说下周要轮换场地,由小班的弟弟妹妹来照顾动物乐园里的动物朋友时,神情个个紧张了起来。

唐芯:"如果他们照顾不好小动物,让它们死了怎么办?"

辰辰:"是啊,弟弟妹妹不知道鸭子饲料是怎么配的。"

"那有什么好办法吗?"

阿联宝:"能不能和他们商量一下,我们还是在这里继续照顾动物们?"

老师:"可是这只能暂时解决问题,我们不能永远在这儿,总要有人和我们一起照顾它们。"

昕昕:"我们平时可以散步的时候来看看动物们,如果它们没吃饱,我们就再喂一些。"

"那如果弟弟妹妹乱喂,我们没看到的时候怎么办呢?"果冻马上反驳道。

看着孩子们既紧张又没有头绪,老师又问道:"想想如果在商场里买东西,我们是怎么知道这些物品的价格和使用方式的呢?"

"有说明书!"

"有价格牌!"

……

孩子们恍然大悟,原来我们可以用一些简单的说明记录,让大家都看明白,这样即使旁边没有工作人员,也能解决这些问题。于是中二班喂养日记诞生了……

在案例 3-1-3 中,教师从幼儿"偏爱小兔"的本能情感出发,通过欣赏丰子恺大师的《护生画集》和不同大师的兔子作品,激发幼儿对动物的爱,并创作自己的画作。艺术创作的过程不仅唤起了他们对于动物的兴趣及喜爱之情,这质朴、纯真的情感会成为孩子们尊重自然、爱护动物的内在动力;同时,幼儿在创作表达、解决问题的过程中,还进一步影响他人,强化了共同呵护小兔的道德情感和道德能力。

通过表现与创造,捕捉契机,共同创生德育价值,体现了审美立德的内在机制,即美育引导感性趋向理性,有助于外在的道德规范内化为个体内在的"善"。简而言之,在美育的过程中,教师在幼儿自主表达的过程中,及时捕捉契机,基于幼儿丰厚的审美感知、饱满的审美情感,恰当点拨,有效提升幼儿的道德认知,深化了幼儿的道德理解,强化了幼儿的道德认同。

第二节　如何审美立德

基于审美立德的逻辑论证和机制梳理,我们进一步实践探究,循证形成了美术审美立德的两种实践路径:一是渗透模式,一是专题模式。前者指的是,幼儿的美术审美教育活动中,挖掘德育元素,渗透德育的价值;后者指的是由幼儿的道德实践引发的审美教育活动,活动本身具有典型的、明确的德育指向,审美教育活动的开展,进一步强化了道德体验,升华了道德情感。

一、审美立德的渗透模式

所谓渗透模式,即以美术审美教育为实践主线,在幼儿的美术审美教育活动的各个环节,挖掘德育元素,渗透德育的价值。

美术审美教育是依托美术这一艺术形式开展的审美教育,包括美的感受与欣赏、表现与创造。美术审美教育的实践有其自身的规律和流程。《3—6 岁儿童学习与发展指南》对艺术领域的梳理,分为"感受与欣赏"和"表现与创造"两个环节,并且"感受与欣赏"在前,"表现与创造"在后,这是幼儿艺术教育的规律体现,也是艺术审美的规律使然。因此,幼儿美术审美教育活动的过程设计,坚持以幼儿为本,重视幼儿的学习与体验,尊重艺术审美的实践规律,遵循着"感受与欣赏—表现与创造"的基本逻辑和实践模式。

审美立德渗透模式,即紧密依托美术审美教育活动,在各个环节挖掘德育元素,彰显德育价值。具体而言,在感知与欣赏环节,我们注重幼儿的切身感知,基于不同艺术形式的同构性,强化审美感知,挖掘艺术大师及其作品背后的思想情感;在创作与表现环节,我们支持幼儿的自主表达,但更加具有指向性,凸显幼儿借助艺术形式拟表达的思想情感,彰显艺术作品传递的价值观念。

(一)感受与欣赏环节的审美立德

感受与欣赏是美术审美的核心内涵和环节,是幼儿审美感知的过程,也是幼儿开展审美想象的前提和激发审美情感的基础。有了感受与欣赏,就有了信息的充分输入、认知的深度建构、情感的自然激发,就有了表达表现的欲望和需求。因此,感受与欣赏也是后续表现与创作的必不可少的基础。

本研究中的感受与欣赏,着重于依托艺术大师及其作品。作为一种文化形式,艺术大师的艺术作品天然地承载着社会文化的核心价值观,是幼儿德育的重要抓手,是幼儿传承社会价值观念的载体。因此,我们紧密依托美术审美的活动主线,在"感受与欣赏"环节,着力于挖掘德育元素。

1. 感受欣赏分层开展,兼顾审美与立德

屠美如和孔起英在《学前儿童美术欣赏课程框架研究》一文中,提出了美术欣赏的基本框架,为本研究的开展提供有益的借鉴。

表 3 - 2 - 1 幼儿美术欣赏的不同层次①

欣赏层次	层次内涵
感觉的层次	教师以开放的态度,利用艺术作品本身的感染力,激发儿童的探究欲望,鼓励儿童用直接的感知觉与美感意识接触作品,避免把教师的期望灌输给儿童。
智慧的层次	艺术活动有赖于智慧的运用,而艺术认知层面的活动是需要学习的。在儿童欣赏作品时,要引导儿童从主题、形式、象征、材料等方面进行有意识的观察,并作扼要的陈述,以进一步了解画面的形式及其内涵。
表现的层次	鼓励儿童在教师的启发诱导下表达对作品的感受,对审美要素进行分析、描述和谈论。教师可以着重分析作品中视觉元素的特色,如作者是如何安排和组织以达到创作的预期效果的。在与儿童的交流中,教师用隐喻、暗示和解释等巧妙地呈现艺术品的内涵与意境,并对所知觉的作品结构作必要的说明、解释和评价。

美术作品的感受欣赏应当在三个层面上开展:

首先是感觉的层次,回答的是"你看到了什么",指向的是幼儿的审美感知,体现的是美育价值。

其次是智慧的层次,回答的是"作者表达了什么",指向的是幼儿的审美想象,体现的是德育价值。

再者是表现的层次,回答的是"作者是怎么表达的",指向的是美的表达表现的技能,体现的是美育价值。

在活动中,我们挖掘社区资源,引导幼儿参观了程十发美术馆,期望通过参观展馆和观赏现场作品,初步了解中国艺术大教师程十发爷爷的艺术特色,感知少数民族题材水墨绘画的特点,体会 56 个民族的团结和深厚感情。本研究以此为例,来展示我们在感受与欣赏环节,是如何引导幼儿开展不同层面的美术欣赏,兼顾了审美和立德的双重价值的。

---

① 屠美如,孔起英. 学前儿童美术欣赏课程框架研究(上)[J]. 幼儿教育,1999(11):4—5.

案例 3-2-1：欣赏《歌唱祖国的春天》①

老师："程十发爷爷有一幅很有名的作品,名字叫《歌唱祖国的春天》,大家仔细看看,春天在哪里呢?"

丹丹："我找到了树上的鲜花。"

可妮："我发现树叶都变绿了。"

洋洋："我看到许多小动物都出来了,有小羊羔,还有小鸽子。"

老师："你们发现这么多春天,再来看看远远的地方,你看到了什么?"

小帅："我看到了千里江山,我们以前也画过。"

老师："为什么这里的山是这个颜色呢?"

丹丹："因为春天到了,小草都长出来了,所以是青绿色的。"

若若："我发现春天来了大家都出来活动了!"

图 3-2-1　师幼共同欣赏《歌唱祖国的春天》②

老师："春天到了,天气变暖和了,鲜花盛开,不仅小动物们都出来玩了,人们也团聚在一起,你们猜猜这些人们在干什么?"

---

① 该案例由上海市浦东新区锦绣幼儿园黄炆烨老师提供。

② 该照片是由上海市浦东新区锦绣幼儿园李立老师拍摄的幼儿在观展。

豆豆:"他们在讨论要去哪里玩。"

老师:"是呀,春天有许多美景,都想着出去游览一番呢!"

哈尼:"我觉得他们可能在唱歌。"

嘉尔:"是的! 中间那个人的姿势像是唱歌的样子。"

老师:"他们会唱些什么呢?"

嘉尔:"他们在唱关于春天的歌,春天在哪里?"

老师:"你们观察得真仔细! 他们把春天的美丽和祖国的美好都唱了出来!"

在这个案例中,能非常清晰地看到:教师引导幼儿首先感知作品画面,识别画面中的情景和事物——在"千里江山"背景下,万物生发,生机盎然,人民幸福地歌唱,这是感觉的层次;进而,教师引导幼儿开展想象,试图理解画面的主题与内涵——"他们在唱关于春天的歌《春天在哪里》","他们把春天的美丽和祖国的美好都唱了出来"——这是智慧的层次。

案例 3－2－2:欣赏《骆驼少女》①

老师:"仔细看看这幅《骆驼少女》,看看有几位少女? 几只骆驼?"

豆豆:"4 个少女,2 只骆驼。"

子妍:"我看到了 3 只骆驼。"

哈尼:"有点数不清楚。"

老师:"看一看,程十发爷爷是用怎样的线条来绘画这幅作品的?"

子妍:"有的地方深,有的地方浅。"

丹丹:"我看到了很多弯曲的线条。"

老师:"你们说得都没错,这幅画里的线条,有的深、有的浅,有的线条明

① 该案例由上海市浦东新区锦绣幼儿园黄炆烨老师提供。

显、有的线条模糊,给人一种粗粗细细、虚虚实实的感觉,所以,画里的人物和动物都交织在一起,数也数不清楚。"

老师:"再来看看,骆驼上的小女孩骑着骆驼要去哪里呢?"

洋洋:"肯定去沙漠,骆驼就是在沙漠里的。"

若若:"我觉得他们可能要去很寒冷的地方,因为少女的头上裹着厚厚的头纱。"

老师:"是的!你们观察得真仔细。他们要去我们中国的西北部,那边的天气夏天非常的炎热干燥,冬天非常的寒冷,所以去那的人们都穿得厚厚的,在头上裹着厚厚的防沙布。"

老师:"你还知道哪些穿着当地特色服装的少女?"

若若:"我知道傣族的女孩子特别漂亮,她们会穿孔雀的服装。"

夏天:"我知道蒙古族和她们一样也是穿得厚厚的,还会戴上厚厚的帽子。"

果果:"我还知道苗族,她们会戴非常好看的首饰,妈妈带我去穿过她们的衣服"。

老师:"我们的中国非常大,民族也非常多,每个民族都有每个民族特色的服装、节日和文化,虽然我们可能会有不一样,但是我们一样都是中国人。"

在这个案例中,教师首先引导幼儿自主感知作品画面,识别画面中的情景和事物。在西北沙漠的场域背景下,少数民族的少女骑着骆驼,凸显了不同的民族风情,这是感觉的层次。进而引导幼儿深入探究,试图理解画面的表现形式与主题之间的关系——"程十发爷爷是用怎样的线条来绘画这幅作品的","这幅画里的线条,有的深、有的浅,有的线条明显、有的线条模糊,给人一种粗粗细细、虚虚实实的感觉,所以看上去画里的人物和动物都交织在一起,数也数不清楚"——这是表现的层次。最终引导幼儿发挥想象,试图理解作品的主题与内涵——"我们的中国非常大,民族也非常多,每个民族都有每个民族特色的服装、节日和文化,虽然我们可能会有不一样,但是我们一样都是中国人"——这是智慧的层次。

2. 注重幼儿发展优先，凸显多感官通道

感受与欣赏是审美教育的重要内容，也是美的创作与表达的重要基础。对于学前期幼儿而言，充分的感知和切身的体验，更是举足轻重。

幼儿身心发展特点决定了幼儿的感受欣赏不仅要基于观察和比较等直观感知，而且要着力于切身的互动探索。艺术启蒙实践应当支持幼儿多感官参与、立体化体验，让幼儿对事物和艺术作品的感知与体验更加丰满，帮助幼儿接受更多利于自我构建的信息，促进幼儿对事物或艺术作品的多方面感知与理解，帮助幼儿进行更好的表现与创造。

在"了不起的中国人"主题活动中，我们一起走近中国泼墨画家、书法家——张大千爷爷。幼儿和家长们在活动周之前一起通过网络、书籍、影视作品等初步了解关于张大千的作品、生平小故事。之后，我们与幼儿一同欣赏作品、分享讨论的过程中，幼儿与大师及其作品碰撞出了不一样的火花。

案例 3-2-3：欣赏张大千画作[①]

一是，初步感知：初探，感受景"色"。

老师首先支持幼儿通过欣赏张大千作品，感受其泼墨、泼彩艺术的表现形式，感知大师运用泼墨虚实结合的手法展现千姿百态的烟云效果和山势气韵，山水的磅礴气势与墨色之美。

在欣赏张大千的《爱痕湖》时，孩子们兴趣浓厚……

老师："画面中的这些颜色会给你什么感受？"

一一："我觉得画里的蓝色有冰冰的感觉，像冰块一样。"

夏天："白色好像雾一样，非常神秘。"

赟宝："我觉得绿色让我感到很放松。"

嘉尔："画面里有好几种蓝色，有的深，有的浅。"

老师："其实这就是渐变色，是张大千爷爷很喜欢的一种晕染的画画方式"。

一一："我也发现了，绿色也有很多渐变的，张大千爷爷真是颜色国王。"

---

① 该案例由上海市浦东新区锦绣幼儿园计天辰老师提供。

二是,深入探究,发现景"美"。

联合家长资源,老师开始活动的推进:一方面,收集张大千爷爷的资料,家长和孩子们一起收集张大千爷爷的各类信息、画作、简报等制作成思维导图版面;一方面,创设教室环境,在教室美工角中投放文房四宝——笔墨纸砚,在美工区投放了《张大千作品集》,在班级环境中,增加了渐变色卡,帮助孩子们理解渐变色的含义。

孩子们对美工区的《张大千作品集》爱不释手,他们经常结伴翻阅各种各样的作品,于是我组织孩子们进行了讨论。

老师:"谁来介绍你最喜欢的作品?"

九九:"我最喜欢这幅画(张大千的《巨然晴峰图》),里面有松树,还有我最喜欢的石子路,还有可以休息的小亭子,我好想去爬山。"

嘉尔:"我喜欢这幅(张大千的《巫峡清秋》),画里有人在坐小船,我去乌镇也坐过,我最喜欢坐船出去玩啦。"

一一:"我喜欢这幅奇奇怪怪的山(张大千的《巫峡清秋》),颠来倒去非常特别。"

老师:"张大千爷爷的画作太神奇了,除了丰富多彩的颜色,还蕴藏着这么多小细节。"

图 3-2-2 幼儿从《张大千作品集》看到的……①

————————————

① 该照片是由上海市浦东新区锦绣幼儿园计天辰老师拍摄的主题墙。

　　孩子们都用自己的笔触画出了自己的发现,并通过教室版面呈现,也学着张大千爷爷自发地在心情日记中记录自己身边所观察到的景致。

图 3-2-3　种植园里的　　图 3-2-4　窗外下雨了②　图 3-2-5　小区花园里的
　　　　　　小池塘①　　　　　　　　　　　　　　　　　　　　　　　　　花和树③

三是,艺术同构,强化审美体验。

　　老师选择了春晚舞蹈节目《只此青绿》让幼儿感受“青绿”,继而引出该舞蹈设计的来源——王希孟的《千里江山图》,虽然艺术形式不同,但给人的感受是相同的,让孩子从中感受中国古典艺术之美和优秀传统文化的时代气息,通过不同的形式来增强幼儿艺术的体验。不仅给孩子看画,还可以讲讲里面的故事,美术、音乐、舞蹈、文学等艺术不同形式的同构,更好地去增强幼儿的审美感受。

　　许多小朋友表示非常想去登山,老师告诉孩子张大千爷爷笔下的山水都源于我们的祖国,每处都有它们独特的美。虽然没办法立刻实地考察,但孩子们回家和爸爸妈妈一起搜集了群山的图片,老师也结合博雅课程,带孩子们云游了一番,感受日出日落、四季变化的风景。

　　夏天:“张大千爷爷的山有好多颜色!”

　　老师:“你们觉得山有哪些颜色? 为什么会有这些颜色?”

---

　　①②③　该照片是由上海市浦东新区锦绣幼儿园计天辰老师拍摄的幼儿在日记中的记录。

一一："我觉得山是青蓝色的，山很高，会有云把山盖住。"

嘉尔："山顶有红色，像是太阳照上去的，站在山上晒太阳，很舒服。"

翁翁："山是绿色的，上面的树很多绿色很深，下面的树少颜色浅，有树的山才最美。"

小帅："我觉得山上下雨有很多泥土，是棕色的，下了雨，山上的树才更美。"

图 3-2-6　幼儿看到的"山有哪些颜色"①

---

① 该照片是由上海市浦东新区锦绣幼儿园计天辰老师拍摄的主题墙。

在深入感知的基础上,幼儿能自主探索不同艺术材料的综合运用,在过程中感知色彩中色相、明度、纯度的变化,幼儿在审美中自由想象,联系自己的体验,感受大自然与人类之间和谐相处的关系,在"玩美""创美"中感受自由创作的乐趣,在小组合作中分享不同的感受,更喜欢大自然、祖国山水之美。

(二)表现与创作环节的审美立德

《3—6岁儿童学习与发展指南》强调:"艺术是人类感受美、表现美和创造美的重要形式,也是表达自己对周围世界的认识和情绪态度的独特方式。"因此,美术应该是幼儿通过美术作品表现内心感受和想法的途径,也是幼儿认识世界和表达世界的方式。

我们应当追随幼儿兴趣和需要,创设有利于幼儿表达情感的情景并提供适合的表现材料,引发幼儿内在情感体验的自然流淌,提升幼儿的审美感知和审美体验,进而促进其进行创造性、个性化的表达表现。

作为一种表征形式和手段,美术活动天然地扮演着创作者的心灵通道,是幼儿个性表达的途径。因此,我们紧密依托美术审美的活动主线,在"表现与创造"环节,着力于引导幼儿的自由表达,充分表达自己的感受和体验,表现自己的个性特点及丰富的想象力和创造力;进而观察和识别幼儿借助美术形式所表达的思想情感;从而基于教育契机,有效地推动幼儿德育的实现。

1. 多元材料,支持美的创作表现

《幼儿园教育指导纲要(试行)》明确要求:幼儿艺术活动的能力是在大胆表现的过程中逐渐发展起来的,教师的作用主要在于激发幼儿感受美、表现美的情趣,丰富他们的审美经验,使之体验自由表达和创造的快乐。在此基础上,根据幼儿的发展状况和需要,对表现方式和技能技巧给予适时、适当的指导。

换言之,艺术表现技能是艺术表达和创作的必然前提,恰当的技术性指导,能有效提升幼儿表达创作空间,激发幼儿表达创作热情。

因此,我们提供自由表现的机会,鼓励幼儿用不同艺术形式大胆地表达自己的情感、理解和想象;同时,我们也会提供多元的表征材料,为幼儿提供表达表现的技术支撑,尊重和引导幼儿独特的审美感受和表现方式,分享他们创造的快乐。

案例3-2-4:我"品"齐白石爷爷的画作[1]

看过了齐白石爷爷的画作,孩子们的创作热情也日益浓厚,大大小小的海绵棒,长长短短、粗粗细细的蔬果根部,都成了他们手中的创作工具!

小椰子:"我的水果颜色会变的,从黄黄的变橙橙的,再变绿绿的。"

旺旺:"橘子宝宝们排成一朵朵花的样子!"

曦曦:"我好像画了有五六七八个橘子,让我数一数。"

彤彤:"像圆圆的贴纸一样的就是我创作的水果。"

笑笑:"圆形的大果子是我最喜欢的,它们叫苹果和橘子。"

崽崽:"丰收啦!到处都是大橘子。"

小玉:"我有很多橘子宝宝,它们围在一起,像云朵一样。"

麦豆:"橘橘的是橘子皮,绿绿的是它的蒂。"

……

从案例中,可以看到幼儿对于拓印创作的热爱,他们发挥想象和创意,借助闲置的蔬果根部,蘸取多彩的颜料,将爱水果、爱生活的热情挥洒在宣纸之上。幼儿是天生的艺术家,也是善于发掘生活中更多美好的童真与动机,能感受到生活时时处处有滋有味。

案例3-2-5:和张大千爷爷一起画山河[2]

待孩子们领略了张大千爷爷笔下大自然的壮丽后,便踏上了走近张大千爷爷的艺术旅程,与大师共谱山河图。在美工室的游戏活动中,孩子们开始创作属于自己的"小世界"。

---

① 该案例由上海市浦东新区冰厂田幼儿园曹丹老师提供。

② 该案例由上海市浦东新区锦绣幼儿园计天辰老师提供。

一次偶然的机会,孩子们在创作中洗笔的水翻在了桌上,正在擦拭的过程中,碰到蓝色的水粉颜料,发现纸巾被颜料水晕花了,他们觉得很有趣,又用毛笔蘸了黄色的颜料滴在了上面,两种颜色重叠在了一起,孩子们想要像大千爷爷一样晕染成山的样子。

他们开始尝试使用更多的纸巾,把它们撕或团成山的形状,用胶水粘在了宣纸上,然后拿起毛笔晕染出五颜六色的山,在山与山之间增加铁索桥和楼梯以及小亭子,表示要方便更多人去看看不同的山头美丽的景象。

随着时间的推移,孩子喜欢千奇百怪的山形,逐渐开始用黑色的墨汁勾勒出山的形状,添画密密麻麻的小人,高呼山上有许多好玩好看的景色,大家都喜欢爬山旅游,和好朋友一起运动和赏景的感觉很开心。

图 3-2-7 幼儿创作的"山"①

教师和幼儿通过各种形式进行艺术表达。如上述案例所示,幼儿通过渐变与晕染,理解了画中不同颜色的含义并进行创作。此外,幼儿还通过盆景微景观创设、户外大型积木搭建、轻黏土混色制作等不同形式和素材,进行个性化表达和表现,通过美术表达自己的观感体验,表达自己爱自然、爱祖国的思想情感。教师在支持和关注幼儿表达创作的过程中,有意识地关注和引导幼儿重意不重形,即关注自己所表达的思想情感。

2. 多元互动,创生多元德育价值

道德认知是德育的重要内容和目标指向。而德育认知的发展,是在个体基于自身经验,在和外部环境的相互作用中,自主建构起来的。但这种建构也不是随意

---

① 该照片是由上海市浦东新区锦绣幼儿园计天辰老师拍摄的幼儿小组作品。

图 3-2-8　幼儿创作的盆景"山"①

图 3-2-9　幼儿创作的建构"山"②

的任意建构,而是需要获得他人指导、与他人磋商并达成一致来不断地加以调整和修正③。换言之,幼儿道德认知的建构,是幼儿在与他人交往、互动中,通过协商和合作来完成的。

（1）师幼互动建构

《幼儿园教育指导纲要（试行）》明确指出:"教师应善于发现幼儿感兴趣的事物、游戏和偶发事件中隐含的教育价值,把握时机,积极引导。"基于幼儿个性化表达的师幼互动是一个德育意义生成的过程。

案例 3-2-6:祺祺画的山④

美术创作活动的分享环节,祺祺介绍他的作品。

祺祺:"这是我画的,这上面有两朵云,有一条很长的道,这些点点就是我画的山。"

老师:"你的山好特别,刚才的小朋友都是用线条表现山的,你的是点,为什么呀"?

---

① 该照片是由上海市浦东新区锦绣幼儿园宋莉老师拍摄幼儿小组盆景作品。

② 该照片是由上海市浦东新区锦绣幼儿园宋莉老师拍摄幼儿小组建构作品。

③ 维果茨基.维果茨基教育论著选[M].余震球,译.北京:人民教育出版社,2005:376.

④ 该案例由上海市浦东新区冰厂田幼儿园施冰烨老师提供。

祺祺:"对,我觉得山就是点。"

明明:"山是圈的,圆形的,从上往下看就是点点,我很喜欢你的山顶。"

祺祺:"是的,我觉得在云里面看山,它就是这样的。"

老师:"谢谢祺祺带我们从高空的角度看到了我们很少看到的山的样子。原来从不同的角度看到的世界是不一样的,世界不缺少美,只是缺少发现美的眼睛,我们可以多看看,也可以多听听别人看到的东西。"

师幼互动的有效性取决于教师指导的适切性。根据实际情况的不同,教师有时侧重外在的传递和引导,有时注重内在的启迪与等待。教师捕捉到幼儿"迥异的表达"后,没有武断评判,反而耐心倾听幼儿的进一步阐释和表达,这是恰当的后退;当幼儿完整表达后,教师果断地进一步支持,为幼儿的探究深化,提供了有力的抓手,有效提升了幼儿的道德认知。

(2)幼幼互动建构

从人类发展生态学角度看,身边的人是最直接的影响因素,人际互动为个体的发展提供了最直接的影响。同伴是幼儿非常重要的他人,具有类似的发展水平,却有不同的生活经验,因此,幼幼互动有效搭建了一个个自然的"最近发展区",支持幼儿的道德认知的建构。

案例 3-2-7:豌豆的画①

豌豆是班级中一位比较内向、不善表达的女孩,在一节集体教学活动,关于吴冠中点线抽象画的欣赏、创作活动中,她拿着毛笔没有下笔。

创作过程中,豌豆的毛笔蘸的墨汁比较多,滴在纸上变成了一个的圆。

老师:"你可以试试画线条。"

握着她的手画了一笔后,她自己将线条延长,画了一点之后就将笔收了

---

① 该案例由上海市浦东新区冰厂田幼儿园施冰烨老师提供。

起来。

分享交流环节,豌豆不愿意介绍自己的作品。

老师:"这颗圆圆的小豆子不就是可爱的你吗? 这幅作品叫它《小豌豆》,你觉得怎么样?"

豌豆点点头,表示同意。其他小朋友听到后,也开始对她的画进行了想象。

明明:"你的作品很不一样,这好像北京环球影城的过山车轨道,两个点点就好像两个人在玩,真有意思。"

小傑:"我看到了巨大的眼睛,像是海洋动物的,它也有小尾巴。"

平平:"其实这个作品还像数字3,这个3也像很大的海浪。"

豌豆听到这么多小伙伴喜欢她的作品并有了这么多联想,她笑得合不拢嘴,又害羞地低下了头。

老师:"豌豆的画是简约但不简单,就像她的内心一样,是丰富多彩的。欢迎豌豆多跟我们讲一讲你丰富精彩的世界。"

图 3-2-10 豌豆和她的作品①

---

① 该照片是由上海市浦东新区冰厂田幼儿园施冰烨老师拍摄的幼儿作品。

抽象作品的创作给了孩子们无尽的想象空间,也给了一些不善绘画和表达的孩子一个与他人互动的机会。同伴基于不同生活经验,给予画作丰富多彩的意义解读,一定程度上唤醒了一颗不善互动的幼小心灵。这是艺术赋予的人文价值,以人为本,尊重、呵护每一颗幼小的心灵。

（3）亲子互动建构

2021年颁布实施的《中华人民共和国家庭教育促进法》明确规定,家庭教育是指父母或者其他监护人为促进未成年人全面健康成长,对其实施的道德品质、身体素质、生活技能、文化修养、行为习惯等方面的培育、引导和影响。父母或者其他监护人应当树立家庭是第一个课堂、家长是第一任老师的责任意识,承担对未成年人实施家庭教育的主体责任,用正确思想、方法和行为教育未成年人养成良好思想、品行和习惯。

因此,在审美立德的活动中,我们一方面着力于家园教养生态的建构和家园教养活动的联动,为家庭教育的有效开展和亲子的有效互动提供匹配幼儿园保教内容的教育方案;一方面,充分尊重家长的教育主体角色,支持家长在家庭场景中,真正发挥主体的自主性和能动性,切实推进亲子的互动建构和价值创生。

案例3-2-8:走近编织①

在大班主题"我是中国人"中,孩子们接触到了许多民间活动,如剪窗花、舞龙舞狮、金山农民画……其中编织的生活用具在我国传统的工艺中占有很重要的地位,于是老师和孩子一起开展"走近民间艺术编织"的活动。

老师收集孩子关于中国编织的问题或感兴趣的话题,引导他们关注生活中看到的各类编织物品,并和同伴一起欣赏,感受中国编织作品的艺术美和劳动人民亲手制作的人文精神。老师通过家长会、微信群向家长宣传本学期的中国编织主题的网络、书籍、影视作品、小故事。老师支持和引导孩子欣赏感受中国编织作品的色彩、图案与内容,鼓励他们喜欢并大胆运用编

---

① 该案例由上海市浦东新区锦绣幼儿园郑玉娟老师提供。

织材料进行表现。

在和爸爸妈妈一起完成中国传统元素图案的编织时，萌萌妈妈说："这个图案太难了，一直编不好。"萌萌安慰道："没关系的妈妈，你已经尽力了。"

塞米和妈妈一起拆了编，编了拆，妈妈说塞米完全没有抱怨过，还和妈妈说，编织就是这样的。

宽宽和爸爸一直编不好，爸爸说要不随便编编交掉吧。宽宽说："不行，不能轻易放弃，我们再仔细看看图案有几根线。"

如上述案例所示，在幼儿质朴、稚嫩的艺术表达和创作中，往往隐含着真挚的道德情感和朦胧的道德认知，基于这样的德育契机，多元主体的互动创生往往能够推动道德价值的生成和德育价值的实现。

3. 多元评价，呈现审美立德成果

艺术教育活动往往以幼儿艺术作品的欣赏和评议来结束和升华艺术启蒙教育活动。艺术作品的评议注重评价的价值多元性。《3—6 岁儿童学习与发展指南》明确要求，幼儿稚嫩的笔触、动作和语言往往蕴含着丰富的想象和情感，成人应对幼儿独特的艺术表现给予充分的理解和尊重。

具体而言，我们创设了"一米画展"，以隆重而富有艺术感的仪式和平台，凸显幼儿艺术作品的展示和利用。在此过程中，我们展示的是幼儿作品，凸显的是作品所表达的思想情感，彰显的是审美背后的德育价值。

所谓"一米画展"，就是教师和幼儿共同将大师简介、活动花絮、幼儿作品布置在走廊里，家长和幼儿可相互分享交流，一米的高度和一米的距离，让幼儿画展成为"看得见"的课程环境。

"一米画展"是师幼共同创设的，通过便签条、录音笔、二维码等方式，记录和呈现幼儿对自己、同伴作品的感受和想象，进一步凸显幼儿内在思想情感的表达和呈现。

案例 3-2-9：在秋天里寻大师①

国庆假期,孩子们外出旅游时候欣赏了大江大河的秋日美景,班级也随之开展"在秋天里"的主题活动,孩子们每日欣赏校园内、小区里的秋日风景,在游戏与学习中探索秋日落叶,并自主生发了一系列活动。

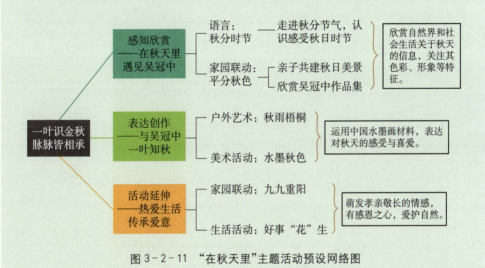

图 3-2-11　"在秋天里"主题活动预设网络图

孩子们经过感受欣赏、表现创造等整个探究活动过程,将探究所形成的成果布置在"一米画展"里。

小爱:"我想放很多很多,这是我们一起学的本领。秋分时节,我和爸爸妈妈们一起出去玩,拍了很多秋天的照片。杨老师也带我们一起认识了吴冠中爷爷的画。我们还一起在下雨天之后去捡叶子,有梧桐叶,还有其他好看的叶子。我和好朋友用水墨画了很多的作品,我们最开心的就是把美好的秋天做成了礼物,送给了爷爷奶奶,大家一起过重阳节。"

云云:"我看到幼儿园里拍的照片,还有吴冠中爷爷的作品,发现秋天的颜色有红色、黄色、绿色,还有橘色。我就用水墨颜料把秋天的颜色画了出来。"

---

① 该案例由上海市浦东新区锦绣幼儿园杨洋老师提供。

谦谦:"我们画叶子的时候发现有些叶子很脆弱,不好画颜色。过几天叶子还会干了就坏掉了。后来我们发现这个圆圆的叶子它很大,还可以画画,不会干掉。所以现在也用它来装饰。"

蹬蹬:"这个梧桐叶也是我们大家一起捡来的,还和吴冠中爷爷一样画了很多的线。不过梧桐叶那时候不够多,贴在大大的布上就太少了。后来我们发现吴冠中爷爷画的梧桐叶就像我们手一样大,于是在马老师和杨老师的帮助下,我们用手变成叶子,印在上面,就变成各种各样的梧桐叶了。"

"一米画展"不仅仅是美术创作的展示平台,表达了对创作者的尊重,而且还是幼儿经验进一步分享和价值进一步创生的契机,在这里不同年龄、不同班级、不同成长背景的幼儿有了对话的机会,一起讨论和交流。

案例 3-2-10:欣赏大师偶发现①

"一米画展"布置完成后,孩子们兴致高昂地欣赏着大班哥哥姐姐的"一米画展"。经过丰子恺爷爷的作品时,他们对这幅作品十分感兴趣——一群人抱着个大南瓜,小朋友们七嘴八舌议论起来。

辰辰:"哇,这个南瓜好大啊!"

壮壮:"有个小孩在背南瓜。"

静静:"后面的小孩在推南瓜。"

老师:"为什么这么多人在搬南瓜呢?"

幼儿:"这个南瓜很大,要好多人才能搬得动。"

老师:"原来是大家齐心协力做一件事情。我们在幼儿园哪些事情是需要一起合作才能完成呢?"

动动:"搬运动材料。"

---

① 该案例由上海市浦东新区锦绣幼儿园黄淋苓老师提供。

雯雯:"一起收玩具。"

西西:"搬桌子。"

从孩子的对话中,老师发现他们对丰子恺爷爷的作品兴趣浓厚,待回到教室后,师幼又一起欣赏了丰子恺爷爷的其他代表作品,例如《不畏浮云遮望眼,自缘身在最高层》。

动动:"他们在走楼梯。"

静静:"有爸爸妈妈、小朋友还有老人,他们应该是要去山上看风景。"

老师:"他们怎么走楼梯的?"

辰辰:"排队走的。"

老师:"看到哪些好的行为?"

雯雯:"一个跟着一个走。"

小刘:"我看到老人拄拐杖走得很慢。"

老师:"如果在上山的楼梯上插队或是跑着上楼梯会怎么样?"

西西:"如果插队的话会不开心,上次盈宝插队,我就很生气。"

壮壮:"这个楼梯很高,跑得太快会滚下山。"

老师:"插队会吵架,跑得快也会发生很危险的事情,所以我们排队的时候要遵守规则。"

再如,师幼共同欣赏《红旗升得高,健儿身手好》。

西西:"他们有升国旗的小朋友,还有站在旁边看国旗的小朋友。"

盈宝:"有个小朋友在敬礼。"

小小:"他们很开心。"

壮壮:"站得很好,一直看着国旗升起来。"

老师:"那你们升国旗的时候什么样?"

动动:"升国旗的时候手是这样的。"(敬礼)

小何:"人是不能动的。"

壮壮:"要排好队站在小圆点上。"

老师:"小朋友们在升国旗的时候都是认真站好,不乱跑,很尊重国旗,这就是爱国家的表现。"

在丰子恺爷爷的漫画作品中,小朋友们发现大师笔下的人物守规则、会合作、爱国家,隐含着这么多的美德,也能从侧面反映出小朋友都有一双善于发现的眼睛。

从大师作品回归生活。生活中同样需要遵守规则,孩子们围绕话题"你知道,我们需要遵守哪些规则吗?"展开了讨论。

形形:"不能乱穿马路,看到红灯要停下来。"

乐乐:"不能和小朋友打架,也不能乱发脾气。"

小刘:"玩好玩具要大家一起收玩具。"

雯雯:"回家和出去玩时要牵好爸爸妈妈的手,不能乱跑。"

动动:"坐电梯的时候不能拥挤,要排队进电梯。"

壮壮:"在迪士尼玩过山车时,要排队。"

小朋友们你一言我一语分享着自己理解的规则。在小朋友们的语言表述中可以看出,小班幼儿已具备初步的规则意识,他们基于自己已有的生活经验,能够说出在集体交往、生活中许多的规则,潜移默化地建构更多经验。

"一米画展"不仅是美的创造和展现,还是德的创生与实现。通过上述案例,我们发现,同样的画作展示,引发了不同幼儿,特别是不同年龄幼儿的同频共振:审美感知的同频,道德认同的共振。这就是艺术展示的意义,这也是"儿童视角"的价值。

二、审美立德的专题模式

幼儿审美立德活动的专题模式指的是由幼儿的道德实践引发的审美教育活动,活动本身具有典型的、明确的德育指向,审美教育活动的开展,进一步强化了道德体验,升华了道德情感。

如前所说,幼儿德育的文献强调"德育生活化"的价值理念,主张一日生活中的点点滴滴对幼儿的道德成长影响,无论是在深度和广度,都超过了学校为了幼儿的道德发展所刻意安排的各种轰轰烈烈的活动,德育的内容并不是追求知性的"高、大、全",而是来自日常生活之中,道德是影响并引导个体与他人、群体、社会、国家等之间关系的协调行为规范。因此,德育生活化即幼儿德育应当指向一日生活,更要基于一日生活①。

由于德的内涵广泛性,德育高度融合在一日生活的各个方面。幼儿的德育实践或幼儿的道德行为就可以成为一次审美教育活动的切入口和契合点,开启整个活动的过程。

整个活动遵循课程创生取向实践模式而开展。所谓课程创生取向,即教师及时捕捉日常生活中的教育契机,以此为主题,筛选和组织相关主题内容;伴随着内容的拓展,开展师幼互动,生成意义,凝练目标。只不过在我们的实践中,教师捕捉的教育契机是幼儿在日常生活中的道德实践,而筛选的教育内容和师幼互动创生的价值,更多倾向于审美实践。

我们以下述案例为例,来描述实践是如何开展的。

案例 3-2-11:鸟窝②

【主题缘起:捕捉幼儿道德情感发展的教育契机】

秋日午后的散步时光,孩子们发现地上掉落了很多果实。抬头望去,原来是栾树(孩子们称它灯笼树)的种子被昨夜的一场大风吹落了。

奇奇大叫:"不好啦! 树上的鸟窝不见啦!"孩子们纷纷围上前,站在银杏树下仔细观察。一旁的孩子们像小鸟一样叽叽喳喳地讨论开来。

"可能被风吹下来了。"乐乐说。

"是小鸟搬家了。"咖喱说。

"对的,小鸟宝宝长大了,家里住不下。"朵朵附和着说。

"你们说得都不对,是天气变冷了,小鸟要去南方过冬啦!"汤圆大声地说。

奇奇着急地说:"你们说得不对!"

……

---

① 秦雪娇.幼儿德育生活化问题研究——以重庆市某乡镇为例[D].南充:西华师范大学,2019.

② 该案例由上海市浦东新区锦绣幼儿园杨家茜老师提供。

孩子们各执己见，谁也说服不了谁。杨老师："孩子们，我们回去都找找和鸟有关的内容，比一比，谁更了解小鸟。"

接下来的几天，奇奇从家里带了一本《我是鸟》的绘本；咖喱拿来了一张打印纸，上面有她认识的很多鸟；恺恺拿来了故事《山居鸟日记》；芒果用超轻黏土捏了猫头鹰……孩子们用整整一周的时间收集了各种关于鸟类的信息。孩子的行为让我意识到他们对小鸟有着天然的关爱之情。

同时，孩子们萌发了做鸟窝的想法，想让小鸟住回幼儿园。

小鸟喜欢用什么材料来造窝？我们可以用哪些材料来帮小鸟呢？老师顺着幼儿的兴趣问道。

图 3-2-12　幼儿创作的鸟窝①

"纸盒，家里快递盒数量最多，明天我就带来。"

"树叶，秋天到了，到处都是，而且大小颜色各不相同，做鸟窝一定很漂亮。"

---

① 该照片是由上海市浦东新区锦绣幼儿园杨家茜老师拍摄的幼儿集体作品。

"树枝,我看到过纪录片里树枝是最接近自然环境中小鸟的生活"。

于是,老师支持孩子们周末和爸爸妈妈一起用自己想用的材料来制作鸟窝。在爸爸妈妈的帮助下,一个个有创意的鸟窝制作完成。孩子们对着它许下心愿:小鸟你快回来吧!

【内容设计:挖掘艺术审美活动的德育价值】

著名的《小鸟天堂》素材源于中国南方的一座小岛,原始大榕树的气根丛生,繁衍茂密而成林,有无数五彩鸟类栖居鸣乐其中。吴冠中前后画过四幅《小鸟天堂》,由小到大,从写实到变形,从具象到抽象,从错觉到幻想。老师想何不将这幅大师作品给孩子欣赏。一来感受中国水墨画形、色、线的变化,二来感受现代抽象水墨画的意境;三来提升孩子对中国书画艺术的审美情趣,从而培养孩子们欣赏中国传统艺术,激发他们爱自然的情感。于是,老师选择这幅《小鸟的天堂》给孩子们欣赏。那么,孩子们在欣赏这幅大师作品的时候又有哪些感受呢? 于是在名画赏析活动中,老师带领孩子一起走进吴冠中,走近他的《小鸟天堂》。

老师:"在画中你看到了什么?"

奇奇:"有吴冠中爷爷喜欢的彩色点点。像彩色的雨点。"

咖喱:"有粗粗细细的线,都是曲线,从这里弯到那里,扭来扭去。"

老师:"你认为小鸟天堂里有什么?"

奇奇:"有各种颜色的小鸟,我和妈妈去世纪公园用望远镜看过小鸟。有的是黑色的头上顶着白帽子,有的有长长的尾巴是彩色的,有的是五颜六色的羽毛,很可爱,很好看的。"

老师:"原来有山有水,有树,有食物,有朋友,能自由飞翔的地方,就是小鸟的天堂。"

在欣赏过程中,孩子们发现了作品中色彩的渐变,彩色的点和各种各样的曲线,结合生活经验,对画面开展大胆想象与表述,了解生态对鸟儿生存的重要性,激发幼儿爱护自然的情感。

【经验拓展:实施多种资源整合的主题活动】

接着,老师和孩子、家长共构主题活动,完成以下的内容:

● 收集吴冠中爷爷的资料

通过家长会、微信群向家长发出邀请,请家长和孩子们一起通过网络、书籍、影视作品收集关于吴冠中的作品、生平小故事。

● 制作思维导图

收集孩子关于吴冠中爷爷的问题或感兴趣的话题,制作思维导图,并根据思维导图,进一步引导孩子欣赏大师作品中的审美元素,感受大师的人文精神。

● 欣赏经典作品和现实中的美

结合名画寻找现实中的自然美景和生活美物,通过对经典作品的欣赏,鼓励孩子关注作品的细节和主题,了解中国水墨作品的特点。在吴冠中的作品集中,孩子们还发现《双燕》《枝头鸟》等与鸟儿有关的画作,齐白石爷爷的《世世平安》作品中的和平鸽,以及其中蕴含的美好寓意,《两只小鸟》也成为孩子们哼唱最多的歌曲,孩子们还欣赏了百鸟朝凤音乐舞蹈视频,婀娜的舞姿和优美的民乐演奏,给他们留下了深刻的印象。

● 布置教室环境

通过作品、照片、实物等各种资料布置具有中国传统艺术美的教室环境,凸显幼儿的审美体验。

● 家庭延伸活动

在家庭中,孩子们在自己的小天地里继续开展相关艺术创作。为了开阔视野,家长还带着他们去郊野公园、湿地观鸟,参加保护鸟儿的公益活动,践行垃圾分类从我做起,爱护我们共同的家园。

【艺术创作:促进幼儿道德情感的艺术表达】

在户外游戏时,孩子们一起创作属于自己的"小鸟天堂"

老师:"你们在画的是什么?"

奇奇:"彩色的雨点,吴冠中爷爷喜欢的彩色点点。"

咖喱:"扭来扭去的大树,小鸟可以在里面玩捉迷藏。"

乐乐:"还有犀牛?"

"犀牛?"我有点疑惑地看着乐乐。乐乐有点不好意思,小声地补充道:

图 3 - 2 - 13 户外创作中的幼儿①

"就是小鸟会在它头上啄啊啄的那种。""小鸟在朋友身上啄来啄去会在做什么呢?"我假装疑惑地问。奇奇马上接话说:"犀牛是小鸟的朋友,它帮朋友捉虫,朋友身上就不痒了,它们就可以一起玩啦!"共生关系就这么简单自然地被孩子们讲述出来让我很是惊讶,忍不住夸奖他们:"哇哦,你们的画太美了,我也想变成小鸟飞到里面去呢!"

【画展布置:呈现幼儿审美立德的多元成果】

主题活动接近尾声,老师和孩子共同将大师简介、活动花絮、幼儿作品布置在走廊里并制作成电子相册,家长和孩子可相互分享交流,一米的高度和一米的距离,让孩子画展成为"看得见"的课程环境。

老师用富有中国水墨特色的便签条,加上录音笔、二维码等记录幼儿对自己、同伴作品的感受和想象。在自由活动、午餐后散步等时间段,孩子们向其他班级介绍自己的画展和爱护小鸟的故事。

----

① 该照片是由上海市浦东新区锦绣幼儿园杨家茜老师拍摄的幼儿小组户外创作图。

图 3-2-14 幼儿画展①

幼儿艺术审美活动中,审美素养的提升,思维能力、创造能力的培养,始终是艺术教育的核心。"艺术"领域中提到"儿童的审美欣赏是儿童生命活动和审美对象之间同形同构或异质同构及产生的心理愉悦状态。即儿童的审美活动需更突出表现它的感受性而非认识性,幼儿的情感体验性是主要的"②。在艺术欣赏和创造表现的过程中,在对作品色彩、线条、表现手法的理解基础上进行学习并展开思想的对话,从而实现将审美教育、德育教育融化在学习过程中的目的。

以上就是审美立德的一种实践模式,即道德实践引发的审美教育活动。在艺术欣赏和创造表现的过程中,在对作品色彩、线条、表现手法的理解基础上进行学习并展开思想的对话,从而实现将审美教育、德育教育融化在学习过程中的目的。

综上所述,无论审美立德的渗透模式,还是专题模式,在实践模式上都注重基于幼儿视角,推动创生取向的课程实施;在内在逻辑上都遵循着美术教育的基本规律,循证着审美立德的内在机制,都支持幼儿切身感知和体验,都引导幼儿自主表达与创造,都注重审美经验与道德体验的双向激荡,致力于审美和立德的相互成就。唯一的不同在于:渗透模式更多以审美感知,激发审美情感,推动道德情感,提升道德认知;专题模式更多以道德实践,引发审美实践,推动审美体验,强化道德认同。

---

① 该照片是由上海市浦东新区锦绣幼儿园杨家茜老师拍摄的幼儿小组作品。
② 蒋静波.提升幼儿美术兴趣的对策研究[J].湖州师范学院学报,2015(05):113—116.

第三节　审美立德的实效如何

评价具有价值判断和质量监控的作用,是推进幼儿园课程实践的关键抓手。《幼儿园教育指导纲要(试行)》明确指出,教育评价是幼儿园教育工作的重要组成部分,是了解教育的适宜性、有效性,调整和改进工作,促进每一个幼儿发展,提高教育质量的必要手段。

一、审美立德的评价方案

(一) 评价理念

所谓评价理念,即对教育评价的理解和认知,主要回答"评价的功能和作用是什么""什么样的评价才是理想的,怎么做评价才是科学的"等问题。任何一种评价方案或模式更新的背后都是人们评价理念的发展。

1. 价值性原则

教育评价是在系统、科学、全面地搜集、整理、处理和分析教育信息的基础上,对教育作出价值判断的过程。正如朱家雄在《俗话幼儿园课程》一书中所强调,评价的根本就是在测评所要的价值是否得以实现,否则,评价就会失去其意义。[①] 因此,教育评价的核心是价值判断,教育评价的关键在于价值标准的明晰。

2. 发展性原则

这是从评价功能角度的厘定。教育评价是了解教育的适宜性、有效性,调整和改进工作,促进每一个幼儿发展,提高教育质量的必要手段。同时,在分析反思的基础上,针对性地采取相应的措施调整课程,从而达到持续地促进幼儿发展的目的。此外,需要强调的是,评价的过程,是教师运用专业知识审视教育实践,发现、分析、研究、解决问题的过程,也是其自我成长的重要途径。

---

① 朱家雄.俗话幼儿园课程[M].上海:华东师范大学出版社,2021.

3. 多主体原则

这是从评价主体角度的厘定。现代评价理论强调通过评价唤起对象进步的欲望，评价成为一个多方参与、协商对话的过程，使得教育评价由"客观判断"走向"理解式对话"。管理人员、教师、幼儿及其家长均是幼儿园教育评价工作的参与者。评价过程是各方共同参与、相互支持与作用的过程。

4. 过程性原则

《幼儿园教育指导纲要（试行）》要求，评价应自然地伴随着整个教育过程进行，综合采用观察、谈话、作品分析等多种方法。因此，关注日常教育活动中的各种真实表现信息并持续地对幼儿发展、教师实施课程情况进行评价，从而获得真实、可靠的评价证据，对课程发展做出科学的价值判断。关注过程，强调活动过程与评价的整合，使评价自然而然地伴随美育过程的开展而进行。

（二）评价标准

美国著名课程专家、教育评价专家泰勒强调"评价过程在本质上是确定课程与教学大纲在实际上实现教育目标的程度的过程……评价是一种确定行为发生实际变化的程度的过程。"因此，教育评价往往以目标为基点，是确定教育活动的结果相对教育目标的实现程度。

为此，本研究的评价以审美立德的双重目标为指引，作为表现性评价的指标体系。

（三）评价方法

近年来人们对教育评价的持续探究，不断深化着人们对教育评价科学性、客观性的理解和认知：日益凸显和强调教育评价的情境性、过程性、综合性、全面性。于是，表现性评价应运而生。

所谓表现性评价触及了学习的本质，它考查的是幼儿高层次思维或应用知识解决问题的能力，并将教学、学习和评价进行有机整合；反映的是真实生活以及跨学科的挑战；具有一系列评价的标准，引导幼儿有目的地学习；向幼儿呈现的是情境性的问题和任务，这些问题和任务要求幼儿整合所学的知识和技能来解决；提供持续的、及时的反馈，为幼儿自我反思提供机会①。

具体而言，我们遵循《幼儿园教育指导纲要（试行）》要求，将评价根植于整个教育过程进行，综合采用观察、谈话、作品分析等多种方法。教师在活动情境中运用多种手段收集幼儿的表现情况，作为评价幼儿的重要信息来源，如教师观察、教师访谈、幼儿轶事记录、幼儿独立的作品集以及小组合作的作品等。持续、多元的评价方式可以帮助教师获得关于幼儿各领域发展和成就的信息，提供一个幼儿发展变化的纵向记录②。

（四）评价场景

评价工作的开展往往基于被评价者的行为表现，而被评价者的言行表现往往基于一定的任务情境。表现性评价中，需要被评价者完成的任务被称为表现性任务，是收集评价信息的重要来源，是表现性评价的重要构成要素。鉴于幼儿的身心发展特点，表现性任务需要基于一定的情境，并贴近幼儿生活经验，如此才能更好地引发幼儿去完成既定的任务，呈现出真实的言行表现。

胡慧闵、郭良菁在《幼儿园教育评价》一书中指出在幼儿园，幼儿日常的生活活动、教学活动本身就可以作为表现性评价的任务形式③。

因此，美术审美教育活动现场就是我们开展表现性评价的具体场景。

二、审美立德的评价实施

具体而言，我们重视过程性评价，在每一次指向审美立德的美术教育活动中，通过"标准的预设——多主体参与——量化质性结合—剖析原因促优化"的方式进行幼儿的评价。

（一）聚焦审美立德目标，预设评价标准

如前所述，表现性评价的属性决定了评价应当而且必须在真实环境或模拟

---

① 朱虹.表现性评价研究[D].开封:河南大学,2009.

② 霍力岩,黄爽.表现性评价内涵及其相关概念辨析[J].西北师大学报(社会科学版),2015(03):76—81.

③ 胡惠闵,郭良菁.幼儿园教育评价[M].上海:华东师范大学出版社,2009.

现实生活的情境中进行的,以支持幼儿在真实情境中全面而真实地展现自我发展的状态,从而确保评价依据的真实性和全面性。指向审美立德的教育活动基于幼儿兴趣点,依托艺术大师及其作品,推进课程创生,模糊了幼儿生活与学习、学习与评价、一日生活各板块的边界,让幼儿在家校社无缝衔接的全域化学习场景中亲身经历,感受欣赏美,表现创造美,从而为开展表现性评价创设了任务性情境。

案例 3-3-1:潜"龙"伏"冰"①

龙是中华文化中最具代表性的形象,会出现在各种精美的玉礼器和青铜礼器上,随着龙文化的广泛传播深入发展,也慢慢地演变为最具象征意义的吉祥符号,汇聚着民俗艺术的精髓与传承。通过关于"龙的传人"的班本化项目式探究,幼儿在过程中感受着中国的强大力量与中华民族的自强不息,这不仅是传承中华文化、弘扬民族精神的重要途径,更是培养幼儿民族文化自信心和自豪感的重要方式。

在此活动中,老师预设了活动中的价值内涵,并以此作为过程性评价的参考标准。

表 3-3-1 潜"龙"伏"冰"班本化活动的目标预设

欣赏层次	审美立德中的价值分析
感觉的层次 你看到了什么	1. 作品欣赏 通过同一主题不同时期背景的龙主题艺术作品欣赏,感受艺术家们的多元艺术表现手法,享受艺术之美带来的愉悦。 2. 多元表达 乐于大胆尝试用语言、肢体等各种不同的方式来表现自己的艺术创想,表达自己对龙的理解与感受。

① 该案例由上海市浦东新区冰厂田幼儿园张安迪老师提供。

（续　表）

欣赏层次	审美立德中的价值分析
智慧的层次 作者表达了什么	1. 儿童合作 通过儿童会议的形式，与同伴共同商议、分工、协同完成舞龙游戏，体验过程中合作的重要与快乐。 2. 文化传承 通过对龙图腾意象、龙作品艺术内涵等多渠道浸润，感受中华民族自强不息的民族精神，发现自身的成长力量。
表现的层次 作者是怎么表达的	1. 观展浸润 以线下参观龙主题艺术展览与线上浏览龙文物艺术展相结合的形式，了解作品背后的故事，感受作品中关于民俗元素、传统文化等中式审美元素的呈现。 2. 非遗传承 愿意了解非物质文化遗产舞龙的元素与精神，并能用自己喜欢的材料制作龙珠龙头等，和同伴配合完成舞龙工具的制作。

（二）覆盖审美活动过程，多主体参与评价

我们的表现性评价嵌入于整个美术审美立德教育活动，紧扣活动的推进时间轴，贯穿于幼儿学习和发展过程的始终，不断推动着活动的持续进行与进一步发展。在此过程中，我们聚集了多元的评价主体。

在以人为中心、价值多元的时代背景下，教育评价逐渐凸显出多元建构的时代特质。所谓评价的建构性，强调通过评价唤起对象进步的欲望，使评价对象在评价者的帮助下逐渐实现自我完善。要做到这一点，关键是要改变评价人员之间的角色关系，从而使评价成为一个多方参与、协商对话的过程。简而言之，把对话和协商纳入评价，使得教育评价由"客观判断"走向"理解式对话"①

具体而言，多元主体的评价过程，不仅让教师看到了幼儿的发展状况，让家长看

① 谢芬莲. 学习故事：新西兰儿童发展评价模式及其启示[D]. 兰州：西北师范大学，2014.

到孩子的成长,同时也让幼儿更了解自己,并在交互中巩固经验,获得新知,从而更好地推进活动的开展。评价有机融合于审美立德过程的始末,是内置在活动过程中的重要组成部分。

案例 3-3-2:画韵四季,诗意冰幼①

立春过后,孩子们开启了新的学期。午后散步时,幼儿园里盛开的梅花吸引着孩子们一起在树下捡拾花瓣、撒花瓣雨,孩子们尽情地感受着自然带给我们的美好,并产生了充满诗意的表达:"梅花瓣落在月月的影子上,她就变成了梅花仙子。""花瓣落下来,就像下了粉色的雨。"老师也将这些美好的场景与话语拍摄记录,回到班级中和孩子们做了分享。对话中,有不少孩子还主动地背起了与"梅"相关的古诗,知道"梅兰竹菊"是中国画中的四君子。

于是,老师借助程十发先生的《春晴又喜一花新》的作品,和孩子们开启了一场"诗中有画,画中有诗"的分享会,感知着梅花的文化象征。

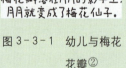

梅花瓣落在月月的影子上,月月就变成了梅花仙子。

图 3-3-1　幼儿与梅花花瓣②

吃完午饭我们去散步了,幼儿园里有一棵梅花树,风一吹,花瓣都落下来了,我们玩得好开心啊!

图 3-3-2　幼儿绘画的"花路"③

---

① 该案例由上海市浦东新区冰厂田幼儿园施冰烨老师提供。
② 该照片是由上海市浦东新区冰厂田幼儿园施冰烨老师拍摄的幼儿与梅花花瓣互动的场景。
③ 该照片是由上海市浦东新区冰厂田幼儿园施冰烨老师拍摄的幼儿绘画日记。

结合大班"春夏和秋冬"主题的开展,老师和孩子围绕分支"四季的树和花"中的核心经验——了解四季中常见的树木花草和它们的变化,乐于参加照顾树木花草的活动,体会爱护它们的意义,开展"画韵四季,诗意冰幼"的班本化活动。

通过艺术欣赏、社会实践等形式丰富拓展幼儿的经验和视野,在倾听与对话中浸润中华文化,让幼儿成为主动的参与者,自然而然地成为一个热爱自然与传统文化、充满诗意的中国人。

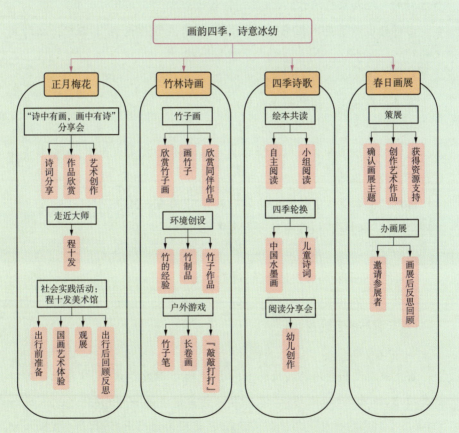

图 3-3-3 《画韵四季,诗意冰幼》班本化活动的实施框架

在此过程中,不仅强调师幼之间的互动建构、同伴之间的互动建构,还注重家长参与的互动建构。

【同伴之间的互动建构】

大班教室环境中创设了笔墨纸砚体验区。一天中午,多多来到这个区域开始创作,他选择了长卷进行作画,创作出了一幅3米长的抽象水墨画作品。

小杰走到多多旁边问:"多多,你画的这是什么呀? 什么也看不懂,都是乱七八糟的。"

多多因为不善于自我表达,他没有回应这位男孩,继续着自己的创作。

于是,老师拍摄了多多的水墨画作品,同时也找出了前几天在碧云美术馆看到的一组抽象艺术作品,准备进行集体分享。

老师先出示了美术馆内的作品,"你们来看看这两幅作品有什么特别之处?"

楷楷:"这个作品中有淡墨和浓墨。"

圆子:"我好像看到了天空和草地。"

……

老师又出示了多多的作品,"今天多多也在水墨区创作了,让我们来欣赏一下他的作品吧。"

悦悦:"那么多线条就像大雨落下来了,下面有一把伞。"

小爱:"《春如线》的作品里也是这样的。"

……

(孩子们捕捉着画面中的细节,展开欣赏)

悦悦:"多多,你也像一个艺术家一样,真棒!"

【家长参与的互动建构】

九九的妈妈:

首先被九九和老师的共情能力感动,九九小朋友这首诗,这个描述写得很有动感、很动态,读他的诗,像在看一个三格漫画一样,描述了别人的行动,描述了自己的行动。为什么说有意境,是因为它动中有静,动态里面小朋友感觉是很欢快的,摇竹子啊,抬头看啊,那都是很轻快的。他静就静在,他最后是发现了一个无形的抽象的东西,被他化为了有形的一种感觉,他通过竹叶的晃动看到了风的样子。将无形的风,具象化。真的特别感恩老师用心地记录下九九随意的话,老师细心地倾听九九的话,并与九九产生了共鸣。

九九的叔叔：

这是一位 6 岁孩子的诗歌，我们常说儿童的天真和童趣不光在心灵，更在他们天然的对自然界敏锐的观察力和丰富的想象力。这个诗歌的三个美丽瞬间里，孩子的天真和童趣、表达与创造实在令人惊喜。

第一个瞬间，九九小朋友这样写道："点点和唐诗在摇晃竹子"，"摇晃"平铺直叙，毫不拖泥带水，让这个场景设定非常具有画面感，让人仿佛能看到孩子们在竹林中嬉戏的情景。"点点"和"唐诗"是两个玩伴孩子的名字，一个

点点和唐诗在摇晃竹子，
我听到了竹子的声音，
我一抬头，我看见了风的样子。
九九 6 岁

图 3-3-4 幼儿作品《看风》①

称呼过分白话一个称呼过分文雅，互相照应又显得和谐和亲密。

第二个瞬间，九九小朋友描写了竹叶摩挲声这样的听觉元素，这种声音不仅仅是耳朵可以听到的，更是心灵可以感受到的。孩子通过简单的语言，让我们仿佛置身于那个场景中，能听到那沙沙作响的竹声，体会到那种与自然亲密接触的喜悦，孩子不光看到竹子摇晃的动作，对于声音的捕捉，体现了他细腻的情感和对自然之声的敏锐。

第三个瞬间，九九写了"我一抬头，我看见了风的样子"，这句诗是整首诗的高潮，也是最为精彩的部分。风通常是无形的，我们无法直接看到，但孩子却用"看见了风的样子"来形容，这种超现实的表达方式，充满了童真和想象力。孩子可能看到了风使竹叶摇曳、树枝摇摆，甚至可能是风带动的云彩变化，这些都被他内化为自己对风的"看见"。这样的描述不仅赋予了风以形象，也展现了孩子对世界的独特感知和创造力。

---

① 该照片是由上海市浦东新区冰厂田幼儿园施冰烨老师拍摄的幼儿作品。

这首诗歌的美妙之处在于它的简洁和深刻,不仅是孩子对世界美好的记录,也是这个 6 岁的孩子用最少的文字,一个简单的场景,表达的最丰富的情感和最生动的画面。他的写作天赋在这首诗中得到了充分体现,他对语言的敏感和对自然的感受力,让人不禁对他的未来充满期待。

(三)凸显量化质性结合,全方位收集信息

量化评估和质性评价是不同的评价取向,但是相结合使用,能够更加全面地收集过程性信息,为后续的价值判断奠定基础。

以幼儿艺术素养为例,我们利用多彩光谱丛书①中的"艺术夹"工具,对幼儿的艺术表现进行能力测评。在小、中、大班中各选取两名幼儿(一男一女)共计 30 名进行"艺术夹"活动。教师通过向幼儿介绍四种结构性工具,鼓励幼儿依次完成四个活动(画动物、画一个人、画一个想象中的动物、创作一个雕塑品)。

"艺术夹"工具将从以下两个方面对幼儿进行评价。

1. 探索程度

探索程度指幼儿使用艺术材料时通过设计、具象性绘画所反映出的灵活性、创造性和变化性的程度。

表 3-3-2　幼儿探索程度的标准评价表

元素	水平 1	水平 2	水平 3
颜色	每一幅画基本上都是单色调,颜色很少变化。	使用多种颜色,多用色彩作简单的画。	有效地运用多种颜色表现情感和气氛,色彩的对比和混合明显,所作的画多彩而有意味。

---

① 陈杰琦,[美]埃米勒·艾斯贝格,[美]玛拉·克瑞克维斯基. 多元智能理论与儿童学习活动[M].何敏,李季湄,译. 北京:北京师范大学出版社,2002.

（续　表）

元素	水平 1	水平 2	水平 3
变化	图案和构思重复而且很少或者根本没有变化，画中所表现的组合非常有限。	许多组合（如点、线、椭圆、字母样的符号等）交织在一起或出现在所收集的图画中。	在设计中，以多种多样的方式使用线条和形状。如开放的和封闭的，爆发性的和控制性的。
动态	一直生硬僵化地使用线条、形状和形式；仅仅依赖基本的几何图形，而很少使用斜线、虚线和飘逸的线条。所作的画是静态的、重复的。	大量或游戏似的使用线、形和形式。所作的画流畅而自由、奔放。	线条、形式和色彩生动地表现出节奏、平衡与和谐，显示出动态。

2. 艺术水平

艺术水平指运用不同艺术元素如线条、形状、色彩来表现情感、制造效果以及装饰艺术作品的能力。

表3-3-3　幼儿艺术水平的标准评分表

元素	水平 1	水平 2	水平 3
表现力	画中几乎没有明显的情感表现（如人没有任何面部表情），画几乎不能引起情感共鸣或反应。	具有比较明显的通过线条、形状引发感觉和情绪的能力，但还不够明确。	通过实际的具象（如微笑的太阳，哭脸）和抽象的手法（如用黑色和下垂的线能表现悲伤）表达强烈的情绪色彩。画呈现出"活泼""悲伤"或"有力"。
饱满感	线条的变化（如果有的话）不能加强画的效果。	用线条的变化来形成图案或画其中一两个特定事物（如头发或眼睛）的效果。	图画中用深浅不同的线条表现几个事物的结构，产生了一定的效果（如表现明暗或阴影）。
美感	缺乏美感，很少有意修饰、精心描绘。有时也使用多种色彩，但不是为了加强	为了修饰的需要而有意选择某些颜色，虽然修饰可能夸张或卡	十分注意装饰，图式或复制品都表现出韵律并经过修饰，形式经过修饰，形式经过了仔细

（续表）

元素	水平1	水平2	水平3
	效果,而是画画本身需要（如画彩虹）。	通化。个体的形状表现出一定的美感与和谐感。	和有意安排。图画多彩,充满平衡感和韵律感。幼儿能用有意义的方式参与到美的自我表现过程中来。

同时,我们还通过学习故事对幼儿审美素养进行质性的评价。学习故事可以展示幼儿在真实和有意义的活动中的学习行为,这有助于教师了解活动的目的以及它所涉及的内容的复杂性。幼儿能力的发展是受到复杂的多种变量影响的过程,从幼儿在一段较长时间里的学习故事中,我们能看到他们在多种情景中,在艺术素养和审美素养上所取得的进步。

（四）深入剖析背后原因,推动实践性优化

教育评价是在系统、科学、全面地搜集、整理、处理和分析教育信息的基础上,对教育作出价值判断的过程。价值判断是评价的完成,但并非实践的终点。基于价值判断的原因剖析和实践优化是更为重要的考量。

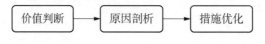

图3-3-5　基于评价推动实践优化的思路图

原因分析,即围绕价值判断结果,进行深度的分析,以期挖掘背后的原因根源。原因分析着力于两个方面:一是幼儿身心发展的应然规律和特点,二是活动设计和实施过程的审视。

优化举措,即根据价值判断和原因剖析的结果,开展审美立德教育活动的优化和调整,以期进一步彰显教育活动的科学性、适宜性,进一步提升活动实施的实效性。

（五）聚焦师幼共同成长,检验切实性成效

审美立德的实践,不仅有效推动了美术审美教育的进一步深化,而且切实带动

教师和幼儿的共同成长。

1. 丰富了幼儿直观的感知体验,激发了幼儿审美情感和道德认同

我们基于幼儿兴趣,依托艺术大师及其作品,创生了指向审美立德的美术审美教育活动。在此过程中,幼儿有充分的机会,通过共同生活、探索世界、表达与表现,积极主动地与周围世界互动,丰富了直观的感知体验,激发了真实的内心情感。

如前所述,无论是审美教育,还是道德教育,究其本质,都是一种情感教育,都需要建立在深刻的情感体验的基础之上。美术审美教育活动积淀幼儿感性的审美经验,激发幼儿真实的审美情感,从而带动了幼儿的道德体验,推动了幼儿的道德认知和道德认同。

案例 3-3-3:兔毛里的中华文化①

在之前的写生活动中有很多孩子对于"兔毛"有不同的感知,有的说兔毛是一根一根细细的,有的说兔毛是波浪形的,有的说兔毛是一层一层的像漂亮的"蛋糕裙",幼儿更多是从理性角度,进行写实性描绘。教师捕捉契机,恰当引导——兔子可以是你希望它美丽的样子,进而借助中国传统纹样——兔纹这一载体,让孩子们感受中华传统艺术中的表现形式和审美价值:在兔子身上画各种花纹传递祝福,从而切实激发了幼儿的创作热情……

果冻:"我把船的样子画在了灰灰的心里,这是我最喜欢的玩具。"

唐芯:"我把最好看的花纹送给小兔子,还画了很多太阳,希望它永远不会觉得冷。"

修远:"我给它画了一条汽车项链,这样它会更漂亮,还画上了它最喜欢的胡萝卜和麦草,希望它能一直有东西吃。"

溪溪:"我在它身上画上了花朵和宝石,花朵和宝石是这个世界上最美的东西。"

孩子们都将自己喜欢的,认为最美好的,还有兔子所需要的东西都画在

---

① 该案例由上海市浦东新区冰厂田幼儿园俞婷婷老师提供。

图 3-3-6 幼儿兔纹 图 3-3-7 幼儿兔纹 图 3-3-8 幼儿兔纹 图 3-3-9 幼儿兔纹
作品 1① 作品 2② 作品 3③ 作品 4④

了兔子的身上,兔纹画的欣赏,激发了他们对动物朋友的关爱之情,也为他们和其他生命之间的联动提供了新视角。

图 3-3-10 《蚂蚁回家路》⑤　　图 3-3-11 《照顾小灰灰》⑥

修远:"我用椅子给蚂蚁造了一条回家的路,希望它们不要被人踩伤。"

暖暖:"灰灰还很小,我们要像妈妈爱宝宝一样去照顾灰灰。"

教师:"在大自然中有很多很弱小的生命,更需要我们的关心和爱护,就

---

① ② ③ ④ ⑤ ⑥ 该照片是由上海市浦东新区冰厂田幼儿园俞婷婷老师拍摄的幼儿及其作品。

像你们还是小宝宝时,也得到了悉心的照顾。等我们长大了,也会有更多的能力去保护比我们弱小的生命。"

从上述案例可以看到,幼儿基于美术审美角度,与小动物的真切互动,直接积累的是审美经验,而最终激发的是道德认同:关爱动物,热爱生命。指向审美立德的美术教育活动充分发挥了艺术的情感教育功能,促进幼儿健全人格的形成。

2. 促进了教师课程领导力,激发了教师的课程意识和儿童意识

如前所述,依托艺术大师的美术审美教育活动是在课程创生取向下实施推进的。创生取向强调在具体教育情境中创生新的教育经验,教育实施的过程即师幼共同建构课程的过程。这为教师的专业发展提供了实践的平台和抓手,同时对教师提出了明确的方向和要求。

一方面,激发了教师的德育意识。

正如上述案例,我们看到了教师在审美立德课程中德育意识的激发。任何对幼儿内心需求的洞察、任何师幼之间的互动,都可以成为课程生发的契机。指向审美立德的美术教育活动,就是教师捕捉契机,价值判断,进而创生意义的过程。当幼儿关注兔毛的形态,教师适时引入"兔纹"这一传统艺术形式;当幼儿表达了爱护动物的真切情感,教师适时提升总结"等我们长大了,也会有更多的能力去保护比我们弱小的生命",进行生命教育的点拨……这无一不是教师课程意识觉醒和成熟的典型表现,也是教师课程领导力提升的有力证明。

另一方面,激发了教师的儿童意识。

我们还看到了教师在审美立德课程中儿童意识的激发。幼儿园教育与其他各级各类教育的不同点,就在于我们面对的幼儿身心发展比较稚嫩,就必须更多地适应孩子的发展水平。同时,也要求我们激发儿童意识,践行"幼儿发展优先",顺应幼儿发展规律、顺应幼儿发展需要、尊重幼儿发展特点。案例中,幼儿的创作迥异多样,但是每一种表达表现都是情感真挚的,教师对每一个幼儿的自主表达都给予了有力的支持和关注。

综上所述,我们的实践证实了审美立德的现实可行性:不仅厘清了审美与立德

的互动机制,而且建构审美立德的实践模式和操作要点。其实,美与德都是人类精神世界的重要内涵,也是人类心理世界的感知体验,具有内在一致性。这种一致性,在我们审美立德的实践探究中,得到了充分的验证和检验;这种一致性,是五育并举的内在逻辑,也是审美价值的实践论证。

课程故事案例

课程故事案例一:潜"龙"伏"冰"①

一、活动背景

　　元旦节庆活动,师生童话剧《寻找中国龙》的舞龙表演引起了幼儿的关注。作为十二生肖中唯一的幻想动物,龙并不是真实存在的,这也点燃了幼儿探究的热情。

　　基于前期"我是中国人"和"我们的城市"的主题经验,以及班本特色节气活动,幼儿对中国传统文化已经积累了一定的经验。追随幼儿的兴趣,我们延续元旦热点话题,生成班本课程"潜'龙'伏'冰'",旨在通过"龙"这一形象和话题,涵养幼儿对于中华优秀传统文化与民俗艺术的兴趣。当艺术之美与传统节日文化交融时,华夏文明的魅力便伴随龙年到来,开启了幼儿与"龙"的故事。

二、课程元素简介

　　龙是中国古代传说中的瑞兽,也是中华民族的精神图腾,在中国传统文化中有着无可替代的地位。从远古人类蒙昧时期的龙图腾崇拜,到秦汉时期的祥瑞之兆,

---

　　① 该案例由上海市浦东新区冰厂田幼儿园张安迪老师提供。

再到明清时期的皇权象征等,龙的形象的变迁生动地展现了中华民族锐意进取、自强不息、开放包容的民族性格。

相关作品: 南宋陈容《云龙图》《九龙图》等。

艺术内涵:

1. 龙为鳞虫之长,是中华文化中最具代表性的形象,它首先出现在各种精美的玉礼器和青铜礼器上,随着龙文化的广泛传播深入发展,也慢慢地演变为最具象征意义的吉祥符号,渗透到政治、经济、哲学、宗教、文学、艺术、社会和民俗等各个领域,表现出强大的传承力,形成了中华博大精深的龙文化。

2. 龙作为华夏民族十二生肖中的重要一员,不仅象征着生肖纪年中的一个特定年份,更是相关民俗在这一年中的璀璨展现。其中,深受人们喜爱的舞龙活动,作为中国非物质文化遗产的代表之一,汇聚着民俗艺术的精髓与传承。

三、活动方案预设

(一)德育价值预设

五育并举与德育之间的关系密切且相辅相成。五育并举,即德育、智育、体育、美育和劳动教育共同发展,旨在促进幼儿的全面发展。而德育作为其中的核心,起着引领和支撑的作用。在幼儿园阶段,幼儿正处于对周围世界充满好奇、探索和模仿的时期,通过关于"龙的传人"的项目化探究,幼儿在过程中感受着中国的强大力量与中华民族的自强不息,这不仅是传承中华文化、弘扬民族精神的重要途径,更是培养幼儿民族文化自信心和自豪感的重要方式。

表 4-1-1 班本化活动"潜'龙'伏'冰'"的价值分析

欣赏层次	层次内涵	审美立德中的价值分析
感觉的层次 你看到了什么	教师以开放的态度,利用艺术作品本身的感染力,激发儿童的探究欲望,鼓励儿童用直接的感知觉与美感意识接触作品,避免把教师的期望	1. 作品欣赏 通过同一主题不同时期背景的龙主题艺术作品欣赏,感受艺术家们的多元艺术表现手法,享受艺术之美带来的愉悦。

（续　表）

欣赏层次	层次内涵	审美立德中的价值分析
	灌输给儿童。	2. 多元表达 乐于大胆尝试用语言、肢体等各种不同的方式来表现自己的艺术创想,表达自己对龙的理解与感受。
智慧的层次 作者表达了什么	艺术活动有赖于智慧的运用,而艺术认知层面的活动是需要学习的。在儿童欣赏作品时,要引导儿童从主题、形式、象征、材料等方面进行有意识的观察,并作扼要的陈述,以进一步了解画面的形式及其内涵。	1. 儿童合作 通过儿童会议的形式,与同伴共同商议、分工、协同完成舞龙游戏,体验过程中合作的重要与快乐。 2. 文化传承 通过对龙图腾意象、龙作品艺术内涵等多渠道浸润,感受中华民族自强不息的民族精神,发现自身的成长力量。
表现的层次 作者是怎么表达的	鼓励儿童在教师的启发诱导下表达对作品的感受,对审美要素进行分析、描述和谈论。教师可以着重分析作品中视觉元素的特色,如作者是如何安排和组织以达到创作的预期效果的。在与儿童的交流中,教师用隐喻、暗示和解释等巧妙地呈现艺术品的内涵与意境,并对所知觉的作品结构作必要的说明、解释和评价。	1. 观展浸润 以线下参观龙主题艺术展览与线上浏览龙文物艺术展相结合的形式,了解作品背后的故事,感受作品中关于民俗元素、传统文化等中式审美元素的呈现。 2. 非遗传承 愿意了解非物质文化遗产舞龙的元素与精神,并能用自己喜欢的材料制作龙珠龙头等,和同伴配合完成舞龙工具。

（二）活动方案预设

本学期大一班"潜'龙'伏'冰'"班本化活动从感知与发现、欣赏与表达、探究与体验、内化与传承出发,采用多元途径拓宽儿童的经验与视野,推进审美立德教育目标的落实。

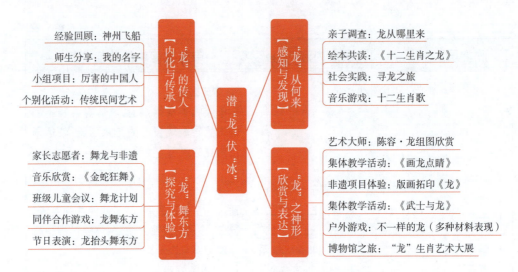

经验回顾：神州飞船

师生分享：我的名字

小组项目：厉害的中国人

个别化活动：传统民间艺术

"龙"的传人【内化与传承】

亲子调查：龙从哪里来

绘本共读：《十二生肖之龙》

社会实践：寻龙之旅

音乐游戏：十二生肖歌

"龙"从何来【感知与发现】

潜"龙"伏"冰"

家长志愿者：舞龙与非遗

音乐欣赏：《金蛇狂舞》

班级儿童会议：舞龙计划

同伴合作游戏：龙舞东方

节日表演：龙抬头舞东方

"龙"舞东方【探究与体验】

艺术大师：陈容·龙组图欣赏

集体教学活动：《画龙点睛》

非遗项目体验：版画拓印《龙》

集体教学活动：《武士与龙》

户外游戏：不一样的龙（多种材料表现）

博物馆之旅："龙"生肖艺术大展

"龙"之神形【欣赏与表达】

图 4-1-1 "潜'龙'伏'冰'"主题框架图

四、活动举例

（一）集体活动举例

【例一】瞧，龙来了

活动目标：

1. 知道今年是龙年，初步了解龙图腾的吉祥寓意。

2. 体验手工翻花龙的乐趣，感受龙的威武霸气。

活动准备：

课件准备："十二生肖"图片；"龙"图片；"厉害的龙"图片；"生活中的龙"组图；"翻花龙"组图。

纸面教具：翻花龙。

材料准备：彩色 A4 打印纸（提前对半裁开）；固体胶；剪刀。

活动过程：

一、龙长什么样

激趣：昨天我们一起了解了这十二只小动物叫作"十二生肖"。按照十二生肖的顺序,每年都有一个生肖年,你们还记得今年是什么年吗?(兔年)那猜猜看明年会是什么年呢?

小结:兔年即将过去了,马上我们就要迎来龙年啦!

提问:今天我请来了龙到大一班做客,请你仔细瞧瞧龙的样子。龙的身上有没有哪些地方让你感觉和其他动物特别像? 龙的角/爪子/肚子/鳞片,让你想到了哪种动物?

小结:龙的角像梅花鹿的角,爪子和老鹰的很像,身体长长得很像蛇,还覆盖着和鱼一样的鳞片……龙的样子集合了许多动物的特点,看起来可真威风!

过渡:龙不仅长得威武神气,传说它还有许多了不起的本领! 你们知道龙有哪些本领吗?(会飞、能在水里游……)

小结:传说中,龙不仅能在陆地行走;还能腾云驾雾,在空中飞行;能潜入海底,在深海遨游;还有掌管江河湖海、风雨雷电的神奇力量。

二、生活中的龙

过渡:从很久以前开始,龙就成为我们国家的一种象征,人们将龙的形象融入我们的生活中。你有在什么地方发现过"龙"吗?

提问:找一找,图片上"龙"藏在哪里呢? 我们常常会在各种建筑、家具上看到龙。这可能代表着人们怎样的希望?

小结:龙被认为是能驱赶邪祟的神灵,人们将龙的形象运用于建筑、家具等,祈求龙的庇护与平安。

提问:图片上的人们在做什么?(舞龙)

小结:每逢春节、元宵等喜庆节日,人们都会舞龙庆祝。龙能够呼风唤雨,人们用舞龙的方式祈求来年风调雨顺,大丰收。

过渡:生活中还有许多地方也藏着龙的身影呢,一起来看看吧。

小结:龙象征着强大、吉祥、好运等。人们将龙融入生活中,来祈求丰收、平安、幸福等。

三、不同的翻花龙

过渡:威武神气的龙今天也飞到了我们班级里,瞧,它能变换不同的形态呢!

个别操作:

引导幼儿了解并尝试正反折的技法,尝试制作龙身。

(1)将纸张短边靠近自己。先正面折出一个长方形,再翻到背面像这样折出一个大小一样的长方形。直到折完一张纸。

(2)将折好的长纸条对折。涂上固体胶并粘贴起来。摊开就变成了一把小纸扇。

(3)把做好的小纸扇一正一反粘贴起来。会变换的龙身就做好了。

提问:你的翻花龙用到了哪些颜色?在制作翻花龙的过程中,有没有遇到什么困难?后来你是怎么解决的?

小结:戴上漂亮的翻花龙,排好队,我们一起到操场舞龙去!

【例二】云龙飞上天

活动目标:

1. 欣赏南宋画家陈容的艺术作品《云龙图》,观察画面中云龙形象的特别之处,感受云中飞龙的气势磅礴。

2. 愿意用语言、动作、画作等方式表达自己对《云龙图》的感受与理解,享受艺术作品带来的魅力。

活动准备:

物质准备:《云龙图》《九龙图》

经验准备:前期对龙的基本了解

活动过程:

一、云龙登场

导语:长着鳞片,会飞翔,是天空的霸主;有角有爪,能吐火,是神话中的神兽;身体弯曲,鳞片闪烁,是水中的王者;有翅膀,会喷水,是海洋的守护者。猜猜它是谁?

提问:你们知道龙是什么吗?它在我们的文化中有什么特殊的意义?

小结：龙是中华民族的图腾象征，是神话里的动物，寄托了人们对美好未来的期待。

二、云龙飞上天

过渡：今天老师带来了一幅作品，叫作《云龙图》，它由南宋画家陈容所作。

（简单介绍陈容生平）

提问：你看到了什么？这条龙让你有怎样的感受？用了哪些色彩？猜猜是用什么材料画的？为什么会出现这样的效果呢？

小结：《云龙图》，也称为《墨龙图》，该画作以水墨画成，没有使用任何颜色，却通过高超的绘画技巧，将龙的威猛和云雾的神秘展现得淋漓尽致。在画中，一条充满动感的蛟龙在云雾间腾空舞动，龙首高昂，龙爪卷起，长须飘动，鳞片颤抖，展现出叱咤风云的磅礴气势。画家陈容运用粗放的笔触和大胆的线条勾勒出龙的轮廓，再通过浓淡墨色的晕染来表现龙身和云雾的质感，这种独特的技法被称为"泼墨成云，喷水成雾"，使得画面生动而富有层次感。

三、我来画云龙

幼儿自由完成画作并分享介绍。

图 4-1-2　幼儿创作中①

---

① 该照片是由上海市浦东新区冰厂田幼儿园张安迪老师拍摄的幼儿在创作。

【例三】金蛇狂舞

活动目标：

1. 引导幼儿欣赏乐曲，能根据音乐的速度，变换动作速度。

2. 在音乐游戏中感受民乐中热烈欢腾的气氛，体验舞龙的乐趣。

活动准备：

音乐磁带、录音机、VCD 盘、乐曲图谱。

活动过程：

一、《金蛇狂舞》儿歌

激趣：之前我们一起听了一首儿歌，还记得吗？

"一二三四五六七，七六五四三二一。正月里来闹新春，龙灯耍得快又急。一二三四五，来跳狮子舞。一二三，来敲锣。三二一，来打鼓。咚咚咚锵咚锵咚锵，咚锵咚锵咚；锵锵乙锵乙咚锵，乙锵乙咚锵。"

二、《金蛇狂舞》舞蹈

过渡：这首儿歌除了可以念，还能跳舞，我们一起来看一看。

提问：你们看到录像里的人们在干什么？为什么要舞龙？

小结：舞龙是民间流传下来的民间艺术活动。每逢有重大节日、庆祝活动的时候，我们都会以舞梭龙来表达欢庆。

提问：你们发现了吗？儿歌在这里变成了一首好听的歌曲，听完这首乐曲，你心里有什么感受？你最喜欢哪一部分？为什么？

小结：这首曲子的名字叫《金蛇狂舞》，是我国著名作曲家聂耳根据古老的民间乐曲《倒八板》加以改编的。这首乐曲旋律昂扬，热情洋溢，表现出一种热闹喜庆的气氛，适合在欢腾热闹的场所播放。

三、《金蛇狂舞》音乐欣赏

过渡：这首乐曲有几段？（三段）听了这一段音乐，你感觉怎么样？第一段有几个乐句？（3 个）我们给它取名为 A 段。图谱一（略）

结合图谱，再次欣赏第二段音乐。

提问：第二段音乐和第一段音乐相似吗？听了这一段音乐感觉怎么样？

结合图谱，再次欣赏第三段音乐。

提问："这一段音乐与第几段音乐相似？（A段）有哪儿不一样吗？"（结尾部分）第三段音乐有几个乐句？（4个），我们给它取名为C段。

小结：《金蛇狂舞》分三段：A、B、C段，每一段都有不同的特征。

过渡：明天就是元旦了，我们一起跟着音乐来庆祝节日吧！现在请你们选择一样梭龙道具或是乐器，一起舞起来吧。

幼儿自由选择道具，在音乐声中大胆创作表现。（教师重点引导幼儿相互合作）

图4-1-3 幼儿舞龙中1①

图4-1-4 幼儿舞龙中2②

【例四】团结的龙

活动目标：

1. 知道"长龙跑"游戏的名称及方法，了解队列跑步的基本要点。

2. 游戏时能听懂口令并遵守游戏规则，享受和同伴游戏的快乐。

活动准备：

物质准备：20（米）×20（米）以上软场地。

①② 该照片由上海市浦东新区冰厂田幼儿园张安迪老师拍摄的幼儿在舞龙。

经验准备：知道正确的跑步动作和呼吸方法；口令基础能听懂基本哨音信号和"跑步走"的口令；会玩"长龙跑"游戏第一关和第二关，即"灵活的龙"和"长长的龙"

活动过程：

一、热身运动

1. 热身游戏：老鹰捉小鸡。

请你们分成6组，在龙排头的带领下找空地玩"老鹰捉小鸡"的游戏，听到哨声后集合。

2. 常规热身运动，复习原地跑。注意摆动手臂，用鼻子吸气，用嘴巴呼气。

二、"长龙跑"游戏第一关、第二关

激趣：还记得我们之前学过的"跑步走"的口令是怎么喊的吗？

过渡：我们以前玩过一个游戏，名叫"长龙跑"。我们一共玩了两关，还记得每一关的名字吗？

小结：灵活的龙，长长的龙。

过渡：今天我们要挑战第三关，但在挑战之前我们要先对前两关再玩一次，成功的话才能挑战第三关，所以请集中注意力，我们要开始游戏啦！

游戏要求：

第一关——灵活的龙，要求能在场地中合理寻找空地跑；保持队伍整齐；不与其他队伍相撞。第二关——长长的龙，要求反应迅速，"龙头"要接好对应的"龙尾"；不能从其他"小龙"的身体间穿过去。

三、挑战"长龙跑"第三关

朋友们，恭喜你们顺利通过前两关的考验，现在我们来玩第三关。这一关要考验你们的智慧。首先跟第二关一样，6条小龙在场地中找空地跑，当听到老师喊出一个数字的时候，你们要迅速组合成相应数量的小龙。比如，我喊3，你们就要组合成3条龙，我喊4，你们就要组合成4条龙。不管你们怎么组合，只要小龙的数量对就行，明白吗？

活动延伸：根据游戏现场，和幼儿共同梳理经验。根据活动时间可组织相应的比赛。

【例五】龙生肖艺术观展行

活动目标：

1. 在"龙生肖艺术大展"的展览中积极参与了解中华民族重要文化称号的龙,感受传统龙和创造龙的奇妙造型。

2. 在参观中丰富和拓展对"龙"的经验和感受,继续推进班级幼儿"龙"主题相关活动。

活动准备：

物质准备:生活护理包、幼儿自带水壶、记录册、一次性纸杯等。

经验准备:观展礼仪、班级幼儿"龙"主题经验、提前熟悉部分展品画作。

(教师提前完成踩点和路线设计)

活动过程：

一、观展礼仪与安全

1. 轻声说话,文明交谈;在参观过程中,请勿大声喧哗,以免影响他人参观。

2. 有序排队,文明参观;在参观时要井然有序,自觉排队,不要前拥后挤,制造混乱,遵守公共秩序,文明参观。

3. 听从引导,文明用语;入馆前,认真了解博物馆参观规则,遵守馆内秩序,听从老师引导,维持好展厅内参观秩序和良好参观环境。

4. 观赏有度,文明有礼;观赏时,严禁翻越围挡护栏或触摸展品,爱护展品及服务设施。

5. 保持卫生,文明有序;保持馆内清洁卫生,禁止随地乱扔垃圾。

二、龙生肖艺术观展

A:"福"展区,第一展厅——欣赏不同民俗艺术手法表现的龙年生肖主题

B:"庆"展区,一楼中庭——了解各类现代艺术手法表现的龙年生肖主题

C:"幻"展区,五楼未来阅读区——感受未来AI科技主题呈现多维龙生肖主题

三、活动宣传

1. 制作微信公众号与观展视频。

图4-1-5 幼儿作品1① 　　图4-1-6 幼儿参展中② 　　图4-1-7 幼儿作品2③

2. 家园共育反馈(选编)。

心宝的妈妈：

3月,冰厂田幼儿园大一班在学校和老师的精心组织下,有机会在龙年的春天,来到上海图书馆体验了一场以"龙"为主题的艺术大展,正是这场社会实践,真正意义上打开了我家孩子艺术欣赏的大门。之前虽会带孩子去中华艺术宫等场馆看画展,家里也会普及相关知识,但效果远不及这么一场生动有趣的实践活动。活动前,老师通过让幼儿分享观展礼仪加深了记忆;通过观展剪影,我看到幼儿有的在喜欢的作品前驻足欣赏,有的索性席地而坐画了起来,可见他们非常享受将灵感跃然纸上的时刻。回家后,孩子迫不及待和我分享了白天看到的各种各样的龙,同时他已将最喜欢的雕塑作品记录在了画纸上,我一看还真像那么回事。他说,今天还认识了一位名叫孙绍波的大师,他有一幅很有名的作品叫《凑热闹》……一周后,孙大师真的出现在幼儿园里和幼儿进行了交流互动,现场介绍作品背后的故事。不得不说,这样的系列活动让我真切体会到了什么是真正的素质教育。

煊煊的妈妈：

幼儿园大一班组织的龙艺术大展活动安排非常用心。今年是龙年,大

---

① 该照片是由上海市浦东新区冰厂田幼儿园张安迪老师拍摄的幼儿作品。

② 该照片是由上海市浦东新区冰厂田幼儿园张安迪老师拍摄的幼儿在参照。

③ 该照片是由上海市浦东新区冰厂田幼儿园张安迪老师拍摄的幼儿作品。

一班围绕龙的主题,设计系列活动。除了在班内组织与龙相关的活动,还组织幼儿走出去,用艺术的方式感受龙和龙年,丰富了幼儿对中华文化的了解,也提供了多种视角去更深入地了解龙,对拓展孩子眼界非常有帮助。

让我们很惊喜的是,艺术虽然很高大上,但因为有龙系列主题的铺垫,幼儿在图书馆非常投入。从幼儿专注认真的小眼神中,我们能感受到孩子对这个活动的喜爱。回到家后,煊煊还向我分享了他在图书馆看到的不同材质的龙。我能感受到,通过活动,在进一步了解龙之后,他那种心底的自豪感和成就感。真心为这样高质量的活动点赞。

多多的妈妈:

在龙艺术展中,幼儿看到了大量关于中国龙的不同艺术表达形式,从平面到立体,从抽象到具象,在鲜明的视觉冲击下幼儿直观感受到了龙文化的魅力。参展过程中,幼儿在老师的讲解和启迪下了解艺术展品。幼儿还可以挑选各自喜欢的作品,席地而坐,通过手绘的形式记录各自喜欢的展品。这是老师以儿童视角为出发点,启发幼儿通过自己的理解来观察艺术展品。从活动的照片中,我也惊喜地发现即使是同样的展品,在不同幼儿的画笔下呈现出的是不同的内容,精彩纷呈,是属于幼儿自己的艺术品!

参展后,幼儿在老师的组织下讨论给自己留下印象最深刻的作品。其中就有孙绍波大师的《凑热闹》。意想不到的是,在那之后校方真的安排了孙绍波大师亲临云山部授课。在大讲堂中,孙绍波大师以风趣的语言介绍了这幅深受大家喜爱的作品,幼儿纷纷拍手,欢声笑语。孙绍波大师通过对作品中不同形态、有趣又幽默的漫画龙的讲解,深入浅出地将这份艺术感知深化,丰富了幼儿的艺术视野。让幼儿在欣赏的同时,也学会了创作与表达,更在无形中培养了幼儿的想象力、创造力和实践能力。《凑热闹》展品的讲解完成之后,孙绍波大师现场作画实践,将上海的城市建筑融入龙艺术作品中,给幼儿打开了更广阔的视野。在大讲堂的课程结束后,孙绍波大师更是步入班级,观看幼儿课间活动时的自主绘画,并给予指导。这对幼儿来说无疑是一场难能可贵的艺术在身边的体验。

多多回家后兴奋地向我讲述了活动后的体会和感想。作为家长,看到孩子在艺术与传统文化方面的收获与成长倍感欣喜与骄傲!冰厂田幼儿园以如此高规格、系统化的课程方式推进艺术与传统文化教育。类似这样的活动还有很多,在丰富了幼儿各类体验的同时,更是有助于传承和弘扬中华优秀传统文化、增强文化自信,促进幼儿在审美、创造和表达等方面的全面发展。

(二)个别化学习活动举例

名称	材料照片	材料提供	玩法提示	观察重点
版画拓印		1. 吹塑板、拓印棒、宣纸 2. 木雕笔、铅笔 3. 各色油墨	1. 选择自己喜欢的图案设计并画在吹塑板上。 2. 将油墨均匀涂抹在吹塑板上后,将宣纸覆盖在上面进行拓印。	1. 观察幼儿在拓印时能否将作品全部涂抹油墨,盖印时用力是否均匀。 2. 观察幼儿在使用铅笔绘画时握笔姿势是否正确。
非遗蜡染		1. 相关蜡染艺术作品 2. 蜡笔、白布、各色染料、橡皮筋、熨斗(教师使用)	1. 用蜡笔在白布上画出自己喜欢的图案,并加深加粗。 2. 白布熨烫后,用橡皮筋将其扎紧后,放入自己喜欢的颜色染料。	观察幼儿在用橡皮筋扎白布时能否用好方法扎紧。

（续　表）

名称	材料照片	材料提供	玩法提示	观察重点
水墨国画		1. 水墨画作品、彩墨画的书籍 2. 狼毫毛笔和白云毛笔 3. 墨、宣纸、抹布、水桶、药用滴管等	1. 尝试自己磨墨,了解磨墨的过程和方法。 2. 尝试侧锋、中锋、浓墨、淡墨,感受中国画的特别之处。 3. 感受不同材质的毛笔的不同之处。	1. 观察幼儿对于笔墨纸砚的使用方法。 2. 引导幼儿发现:水的多少和墨的浓淡有着直接关系。 3. 关注幼儿对中国画的喜好程度。
中国锣鼓		1. 大锣、小锣、钹、鼓等京剧乐器 2. 锣鼓谱、京剧音乐录音	1. 幼儿能够根据不同的鼓谱使用乐器进行演奏。 2. 尝试用锣鼓伴奏:"仓2"(钹)"台"(小锣),鼓点则按拍律节奏敲击。 3. 为京剧音乐伴奏,或模仿录音中的声音演奏。	1. 关注幼儿对于不同乐器的掌握情况,以及在演奏时对于乐器的控制能力。 2. 当幼儿对不同的乐器都有一定的掌握后,教师可以鼓励幼儿尝试合作进行演奏。

五、实施过程的案例记录与反思

前期经验:我知道的龙

【片段1　你见过龙吗?】

在主题开始之前,关于"龙",幼儿说:

安迪:"你们知道龙吗?"

豆花:"我知道,今年是龙年,龙是在天上的。"

心宝:"龙很厉害的,我最喜欢三角龙,它的本领很大。"

龙龙:"我的小名叫龙龙,就是很厉害的意思。"

笑笑:"龙是十二生肖之一,但是我只在图片上看到过龙。"

在这之后,我们发现他们对龙的印象虽各不相同但却都知之甚少。带着疑问"龙究竟长什么样",我们开启了亲子调查"龙从哪里来"、社会实践"寻找生活中的龙"、共读《十二生肖之龙》绘本等系列活动。在一次次的分享与幼儿的表达中,我们发现他们对于龙的了解逐渐丰富。

图 4 - 1 - 8 幼儿介绍自己认识的龙①

【片段2 什么是龙?】

菠萝:"龙是中国神话动物,是中华民族的图腾。"

月亮:"龙是一种远古爬行动物,它有翅膀会飞,还能呼风唤雨。"

煊煊:"龙能够保佑我们风调雨顺,代表着吉祥如意。"

又又:"龙是我们中国人特有的形象,代表着勇敢、向上的我们。"

---

① 该照片是由上海市浦东新区冰厂田幼儿园张安迪老师拍摄的幼儿在介绍龙。

> 多多:"我想试试画龙,但是我觉得龙很难画。"
>
> 月亮:"我想看看天上飞的龙,如果有以前的照片就好了,我就能看到它的神态是怎么样的了。"

　　课程往往就在儿童的生活里,在儿童的行为里以及他们发现问题和解决问题的过程中。由于缺乏直观感受的机会与真实具体的形象,"龙"作为民族图腾往往只在对十二生肖的了解中一笔带过,而这一次幼儿对于未知事物的渴望与关注便是我们班本创生课程的灵感延续。

主题经验:龙与民俗文化

【片段 1　陈容的《九龙图》】

　　在幼儿提出想要看看龙的照片时,我们便去翻阅各时期的艺术作品,发现在我国南宋时期,有一位尤为擅长画龙的著名画家——陈容,他笔下的龙姿态各异又灵巧精妙。

> 沐沐:"这幅画上的龙眼睛瞪得好大,还藏在了山的后面。"
>
> 亮亮:"它下面还有一条龙,它们在玩捉迷藏吗?"
>
> 红豆:"才不是,它们这是龙妈妈带着龙宝宝。"
>
> 米朵:"不对不对,你们看,这里还有一条龙呢!"
>
> 安迪:"到底有几条龙呢?"
>
> 稻稻:"有七条!"
>
> 阿蒙:"是九条,一共有九条龙!"

　　随着《九龙图》的带入,幼儿对于龙的形象有了更多的了解与感受,对于龙的喜爱也在日益增加,我们开始思考如何能给予幼儿更多途径拓宽视野。

　　恰逢上图东馆有着一场关于"龙"年的艺术大展,展内不仅有平面画作,也有令人眼前一亮的工艺作品,如绣球龙、玉雕龙、剪纸龙等,幼儿兴奋又认真地在馆内驻足欣赏,感受不同龙的表达方式,选择自己喜欢的作品,以画作或拍照的形式记录下作为活动后的分享内容。

龙龙：

我最喜欢这个和龙有关的雕塑，它很特别，两条龙是同一个身体，而且它和我今天穿的衣服颜色很像。

图 4-1-9　幼儿和自己喜欢的龙合照 1①

希希：

这个是用 AI 做的龙，它好特别，而且感觉非常厉害，很有气势。

图 4-1-10　幼儿和自己喜欢的龙合照 2②

小豆花：

这是用篆刻做出的龙作品，我很喜欢它的配色，红色和黑色很中国。而且和我们平时做的瓦当拓印很像。

图 4-1-11　幼儿和自己喜欢的龙合照 3③

①②③　该照片是由上海市浦东新区冰厂田幼儿园张安迪老师拍摄的幼儿与自己喜欢的龙合照。

【片段 2 《凑热闹》】

> 在多幅作品中,漫画大师孙绍波爷爷的《凑热闹》引起了幼儿讨论:
>
> 米米:"这幅画好可爱呀,有好多好多的卡通龙。"
>
> 肉肉:"对呀,我也好喜欢这幅,这两条龙眼睛大大的,好像在跟我打招呼。"
>
> 肉包:"这是什么? 它也是龙吗? 我不认识字。"
>
> 心宝:"这是海龙,我认识。"
>
> 亮亮:"海龙也是龙吗? 是生活在海里的吗?"
>
> 兔兔:"肯定也是龙吧,它们生活在一起,而且也有龙字。"
>
> 幼儿因此争论不休,于是在园长妈妈的帮助下,《凑热闹》的作者孙爷爷受邀来到冰幼分享他的这幅作品与灵感来源。而幼儿带回的印象最深的那些作品也登上了孙爷爷的讲台。原来回形针变一变就能成为钢铁龙,一笔画也能画出龙,乐高积木也是表现龙的一种方式……如果说第一次在展厅的欣赏让幼儿大开眼界,那孙爷爷生动幽默的艺术赏析更是幼儿如获至宝的一刻。

始终将幼儿放在课程的中央,这是班本化课程的原点也是归宿。对于幼儿而言,通过社会实践、游戏表达、作品渲染等多种形式、多元通道的亲身感知与体验,恰恰最能激发他们对于龙的情感共鸣。后续,我们看到龙的神态、龙的故事、龙的特征,在幼儿的艺术作品、户外游戏、日常记录中展露无遗,我们看到了"龙"这一形象无痕地融入其中,他们用自己的创意诠释着对"龙"的认识与理解,每一个人都独一无二。

【片段 3 我们想舞龙】

还记得元旦时幼儿被童话剧中的舞龙表演所吸引吗? 他们对于舞龙可一直都念念不忘。户外游戏中,他们会用小板凳当作龙身、足球当作龙珠来满足自己的舞龙体验。在每一次舞龙想法冒出的时候,龙头、龙身、龙尾们总是热情满满,他们渴望像真正的舞龙队那样合作完成一条金龙翻腾在天空中,但却总会遇到撞到对方或跑散了的问题。我们意识到,这是"合作"种了的萌芽。基于日常幼儿在集体生活中自发的合作行为,我们看到他们具备有目的组织合作的意识,能够和同伴有初步分工与协商的意识。因此,我们借着"舞龙"的共同目标,以此为幼儿创设合作情境与机会,丰富相应的合作经验。

班中的大朋友老师月亮妈妈对舞龙有特别的研究,在她的分享中幼儿才发现原来舞龙的秘密在于配合。在这之后,孩子同伴共同商议舞龙的队形走位,在纸上画下步骤图,再以小组形式分队练习每一次的动作设计是否更加顺畅。

一切似乎准备就绪了,幼儿再次满怀信心尝试舞龙,可还是失败了。失败的原因依旧是彼此间的配合问题,不仅是龙珠与龙头,还有龙珠与鼓手等。舞龙的失败让幼儿的士气大大减弱,但心怀目标的他们却依旧不愿意放弃,怎么办?

的确,舞龙是一项对合作有着很高要求的运动,对于大班幼儿而言是很大的挑战。因此,在和幼儿商量后,我们决定先玩一些团队游戏,积累合作经验。幼儿一起设计了几个不同的游戏,有合作传球、两人三足、花样长绳等,在游戏过程中他们慢慢体会到合作中每一个位置的重要性。于是他们再次挑战舞龙,这一回龙真的飞上了天!

铱铱:

这是我们的舞龙计划书,我们小队有六名队员,我是龙头。我们的有三种队形,分别是……

图 4-1-12　幼儿介绍组内舞龙计划书①

一次次的舞龙活动看似是幼儿的童趣游戏,但过程中不仅增进了对民族传统文化的认识和了解,更重要的是收获体验了与同伴合作的快乐与经验,金龙舞起来的那一刻,他们每个人都在闪闪发光。

经验拓展:龙的传人

【片段1　我的名字叫龙龙】

班级中有一个孩子叫龙龙,每每提到龙时他总是特别骄傲自豪,说自己就是龙

---

① 该照片是由上海市浦东新区冰厂田幼儿园张安迪老师拍摄的幼儿在介绍组内舞龙计划书。

的传人。听到几次后，幼儿有了不同的意见。

> 肉肉："龙是中国的，我们都是龙的传人。"
>
> 龙龙："不是的，我叫龙龙，所以我才是龙的传人。"
>
> 西西："龙龙，什么是龙的传人，我有点听不懂。"
>
> 龙龙："我也不知道，我爸爸这么跟我说的。"
>
> 肉包："我知道，就是很厉害的人，像龙一样能在天上飞。"
>
> 章鱼："那就是宇航员！他们能在太空中飞来飞去！"
>
> 安迪："还记得我们之前看的神舟十六号火箭发射吗？"

那个下午，我们共同回顾了之前"我是中国人"主题分支"了不起的中国人"中关于神舟十六号以及相关的航天知识，一起探讨了究竟什么是"龙的传人"。令人惊喜的是，第二天，龙龙带来了和爸爸共同调查的结果，和朋友们分享他心中厉害的中国龙传人——铁道之父詹天佑，聆听的同时激发了幼儿也想要知道更多的想法。于是，他们自发形成项目小组，对中国的创新发明、超前技术、领域专家等进行探究，在了解的过程中幼儿总是会发出"我们中国也太厉害了吧！""我也要做像屠呦呦一样厉害的人，为中国带来更多的发明！"这样的感叹。

在幼儿园阶段，幼儿正处于对周围世界充满好奇、探索和模仿的时期，通过关于"龙的传人"的项目化探究，幼儿在过程中感受着中国的强大力量与中华民族的自强

> 沐沐：
> 我们一起了解了"水稻之父"袁隆平，在中国面临粮食短缺的时候，是袁隆平爷爷为我们解决了吃饭的困难。

图 4-1-13　幼儿介绍自己组的调查结果①

---

① 该照片是由上海市浦东新区冰厂田幼儿园张安迪老师拍摄的幼儿在介绍小组的调查结果。

煊煊:

梁思礼爷爷说,作为中国第一代航天人,能参与中国航天事业从无到有,从弱到强的发展历程,他感到无比自豪。我的梦想是成为一名宇航员,我未来也想和梁思礼爷爷一样,努力学习,永不放弃。

图4-1-14　幼儿介绍自己调查的"龙的传人"①

不息,这不仅是传承中华文化、弘扬民族精神的重要途径,更是培养幼儿民族文化自信心和自豪感的重要方式。

课程故事案例二:走近中国艺术大师——程十发②

一、活动背景

在十一黄金周中,孩子们去了很多地方旅行,迫不及待地想要将自己在旅途中的趣事、照片分享给大家。结合"我是中国人"中的"去旅行"主题,我们开展了"中国旅游分享会"的活动。在活动中,孩子们大胆、积极地畅谈自己的所见所闻,仿佛每个人都能成为一位小小的旅行家。其中,一张描绘着若若身着少数民族服饰的照片引起了孩子们的浓厚兴趣:"为什么她的服装和我们平时穿得不一样,特别漂亮!""她的手上为什么还要抱着小鼓呢?""我也想穿穿她的衣服。"捕捉到了孩子们这一兴趣点,我们迅速启动了走近民族之旅活动。

---

① 该照片是由上海市浦东新区冰厂田幼儿园张安迪老师拍摄的幼儿在介绍自己调查的"龙的传人"。

② 该案例由上海市浦东新区锦绣幼儿园黄炆烨老师提供。

二、艺术大师简介

程十发，中国海派书画画家，在人物、花鸟方面独树一帜。在连环画等方面均有造诣，善将草、篆、隶结为一体。

影响：

从事美术普及工作，长期任上海画院院长。艺术道路兼涉新旧时代，艺术风格融汇古今中外，并执着追求传承弘扬传统水墨情怀，具有"当代海派画坛领袖"的崇高地位。

代表作：

《歌唱祖国的春天》等

艺术特点：

1. 对人物画十分精通，展现出了深厚的造诣。他的人物画初以描绘少数民族欢乐、祥和的情景居多，后以借历史人物抒怀见长，并由连环画转入，造型吸收了无锡泥人的特点，带有较强的叙述性，形成了个人别开生面的艺术风格，给中国写意人物画带来一种崭新的视觉效果。

2. 作为花鸟画画家，程十发在这片与自然之物心交神往的天地里，仿佛取得了更多的自由。他的人物花鸟画取法于诸家，并吸收民间艺术之营养，融会贯通，墨法灵动、色彩明艳、构成新颖，既继承传统，又超越古人。

三、活动方案预设

（一）德育价值预设

在大班主题"我是中国人"下的"民族大联欢"活动中，幼儿对各族人民的服装、民俗、习惯、特色等独特文化表现出了浓厚的兴趣。他们被精美的民族服饰所吸引，纷纷表示想要一试身手；他们欣赏人们跳的孔雀舞、竹竿舞，觉得其舞姿曼妙、引人入胜；他们渴望能亲身体验泼水节、赛马节的欢乐，深入感受少数民族文化的魅力。

民族大团结意味着中国各民族之间相互尊重、平等相待、和睦相处。我们巧妙地利用环境，让孩子们在沉浸式的民族文化体验中，多角度理解民族大团结的深刻内涵，传达了各民族的审美情趣和民族信仰。并且让孩子们在祖国的"大家庭"与班级的"小家庭"中，更珍惜与同伴之间的友谊，感受到团结友爱的快乐，齐心协力克服困难所带来的成就感。

表4-2-1 "走近中国艺术大师——程十发"的价值分析

欣赏层次	层次内涵	审美立德中的价值分析
感觉的层次 你看到了什么	教师以开放的态度,利用艺术作品本身的感染力,激发儿童的探究欲望,鼓励儿童用直接的感知觉与美感意识接触作品,避免把教师的期望灌输给儿童。	1. 喜欢美的事物,能多方面发现美、分享美,理解美的多样性、丰富性。 2. 能用多种工具、材料,大胆地用唱歌、舞蹈、演奏、制作、构造、戏剧表演、角色游戏等表现手法表达自己的感受和体验。
智慧的层次 作者表达了什么	艺术活动有赖于智慧的运用,而艺术认知层面的活动需要学习。在儿童欣赏作品时,引导儿童从主题、形式、象征、材料等多维度进行有意识的观察,并作扼要的陈述,以进一步了解画面的形式及其内涵。	1. 活动中能与同伴分工、合作、协商,一起克服困难、解决矛盾。 2. 深化爱家爱国的情感。
表现的层次 作者是怎么表达的	鼓励儿童在教师的启发诱导下表达对作品的感受、分析、描述并谈论审美要素。教师可以着重分析作品中视觉元素的特色,如作者是如何安排和组织以达到创作的预期效果的。在与儿童的交流中,教师用隐喻、暗示和解释等手法,巧妙地呈现艺术品的内涵与意境,并对所知觉的作品结构作必要的说明、解释和评价。	能积极参与了解不同地域、不同种族的音乐、美术艺术作品,培养多元文化的意识。

(二)活动方案预设

本学期我们开展的"走近艺术大师——程十发"特色活动,从生活经验、主题经验、经验拓展出发,融合多元活动,推进审美立德。

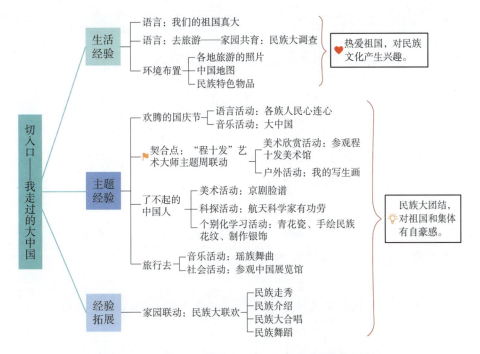

图 4-2-1 "走近中国艺术大师——程十发"主题网络图

四、活动举例

(一)集体活动举例

【例一】去旅游

活动目标:

1. 尝试在地图上识别我国首都北京和自己熟悉的一些地名。

2. 了解我国各地的不同特点,萌发热爱祖国的情感。

活动准备:中国地图、景点图片等。

活动过程:

一、我们熟悉的地方在哪里

1. 从中国地图上找一找我国的首都北京,以及自己去过或是听说过的地方。

2.谈论各自知道的地名,以及那里有什么特点。

二、模拟旅行

1.自由结伴做模拟旅行,共同商量旅游的路线。

要求:找一些好朋友组成旅行团,去你们最想去的地方旅行,把你们看到的印象最深刻的地方记录在记录板上。

2.边走边在记录板上用绘画、标记或文字等方式记录各组旅行中印象最深刻的内容。

(在记录中可给予的提示:可以画标志性建筑物,可以记录当地特有的小吃等)

三、交流体验

1.展示记录板上的内容,寻找共同感兴趣的内容,谈论各自的体验;发现不同的内容,由该小组介绍。

2.教师穿插对生动有趣的内容的介绍:如:烧烤——山东等。

3.小结:我们的祖国真大,每个地方都有它独特的风土人情、自然景观,如果我们再去探索又会有许多全新的、令人惊喜的发现,希望小朋友和爸爸妈妈在网上去看看、找找还有哪些有趣的、好玩的地方,再来跟我们一起分享吧!

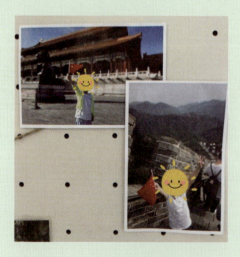

图4-2-2 幼儿在中国各地旅游照片1　　图4-2-3 幼儿在中国各地旅游照片2

图4-2-4　幼儿在中国各地旅游照片3

【例二】我们的祖国真大

活动目标：

1. 欣赏儿童诗，能结合情境理解排比等相对复杂的句子。

2. 通过观察、比较、讨论，感受我们的祖国真大，增强做一个中国人的自豪感。

活动准备：课件。

活动过程：

一、在世界地图上找一找

提问：我们国家的名字叫什么？她在世界地图的哪里？中国的地图像什么？

小结：我们的祖国名字叫"中华人民共和国"，简称中国。我们的祖国很大，很大，她在地图上像一只雄壮、美丽、骄傲的"大公鸡"。做中国人真自豪啊！

二、在中国地图上找一找

提问：中国的最北方在哪里？最南方在哪里？

祖国的最北边和最南边是怎么样的？你是怎么知道的？

（出示之前幼儿收集的图片，交流其之前收集的信息）

小结：我们的祖国真大啊！当北方飘着雪花，人们在雪地上滑冰时，南方却盛开着美丽的鲜花，大人和孩子们正吃着西瓜。

三、欣赏儿童诗

1. 儿童诗：我们的祖国真大。

我们的祖国真大。北方有冬爷爷的家，十月就飘起了大雪花。南方有春姑娘的家，一年四季都盛开着鲜花。啊！伟大的祖国妈妈，东西南北中的孩子们，在同一个时候，有的滑雪，有的游泳，有的围着火炉吃西瓜。

提问：哪几句诗告诉我们"祖国真大"？

2. 再次欣赏。

小结：从这首儿童诗中，我们知道了祖国"幅员辽阔"。那么，除了北方和南方有那么大的不同外，东面与西面有什么不一样呢？有兴趣的小朋友可以在个别化学习活动中继续探索。

四、活动延伸

1. 引导幼儿寻找、探索中国最东边和最西边。

2. 引导幼儿从树的变化、特色食品、特色动物等方面探索南北方的不同。

【例三】瑶族舞曲

活动目标：

1. 分辨不同乐器的音色，感受瑶族舞曲的优美意境。

2. 尝试用小乐器为《瑶族舞曲》伴奏，体验合作的快乐。

活动准备：课件、各种小乐器若干（三角铁，木鱼、铃鼓等）。

活动过程：

一、欣赏瑶族舞曲片段

1. 欣赏瑶族舞曲片段，感受瑶族青年围着篝火时而优雅地舞蹈，时而热情奔放地高歌的情景,感受瑶族舞曲的乐曲结构。

2. 为歌舞拍手,把握音乐的节奏。

二、观察讨论,了解演奏的方法

1. 观察各种乐器,听辨它们不同声音。

2. 观看教师表演打击乐《瑶族舞曲》两遍。

讨论:我们用哪些乐器为瑶族舞曲伴奏?

表演时用哪两个乐器合作表演?

先演奏哪个,后演奏哪个?（了解不同的乐器）

3. 学习使用三角铁。

讨论:三角铁应该怎么拿? 刚才用了几种方法?

4. 幼儿尝试演奏。

再次观赏教师的表演,随着教师有节奏的语言提示,幼儿尝试演奏。

三、共同表演

1. 幼儿自由选择乐器,如铃声表示瑶族阿姨裙摆上银饰片撞击发出的声音,鼓声表示瑶族叔叔在敲长鼓为阿姨们伴奏。

2. 在教师鼓励下,幼儿跟着音乐的节奏演奏。

教师重点观察与指导:幼儿能否体验合作演奏的快乐。

【例四】参观程十发美术馆

活动目标:

通过参观展馆和现场观赏作品,初步了解中国艺术大师程十发爷爷的艺术特色,感知少数民族题材水墨绘画的特点,体会56个民族大团结和深厚感情。

活动准备:

教师——提前了解展馆位置、展馆主题、重点参观内容和作品。

幼儿——提前学习展馆参观礼仪、纪念馆宣传册学习。

材料——名画欣赏材料:展览宣传册。

个体记录材料:记录背包里装有记录用的卡纸和记号笔。

活动过程:

交代要求(学校大厅)

1. 参观礼仪与安全

(1) 展厅倾听主持人介绍,互动回答时请举手,不大声喧哗;

(2) 不在展馆内追跑、打闹,观展时慢走轻声;

(3) 本次活动为集体行动,请紧随老师;

(4) 遵守礼仪,不触摸展馆中的作品;

(5) 不携带食品和饮料(包含水)进入展厅,参观前请先喝水和上厕所;

(6) 成人手机静音,不要在展厅内打电话,拍照时请关闭闪光灯;

(7) 展馆各厅进入有门槛,注意脚下安全。

2. 根据展厅走向,依次重点作品(20分钟)

主讲:黄老师

方式:互动

内容1:欣赏《歌唱祖国的春天》(感受爱国情怀)

师幼互动:

老师:"程十发爷爷有一幅很有名的作品,名字叫《歌唱祖国的春天》,大家仔细看看,春天在哪里呢?"

丹丹:"我找到了树上的鲜花。"

可妮:"我发现树叶都变绿了。"

洋洋:"我看到许多小动物都出来了,还有小羊羔,还有小鸽子。"

老师:"你们发现这么多春天,再来看看远远的地方,你看到了什么?"

小帅:"我看到了千里江山,我们以前也画过。"

老师:"为什么这里的山是这个颜色呢?"

丹丹:"因为春天到了,小草都长出来了,所以是青绿色的。"

若若:"我发现春天来了大家都出来活动了!"

老师:"春天到了,天气变暖和了,鲜花盛开,不仅小动物们都出来玩了,人们也团聚在一起,你们猜猜这些人们在干什么?"

豆豆:"他们在讨论要去哪里玩。"

老师:"是呀,春天有许多美景,都想着出去游览一番呢!"

哈尼:"我觉得他们可能在唱歌。"

嘉尔:"是的! 中间那个人的姿势像是唱歌的样子。"

老师:"他们会唱些什么呢?"

嘉尔:"他们在唱关于春天的歌,春天在哪里?"

老师:"你们观察得真仔细! 他们把春天的美丽和祖国的美好都唱了出来!"

内容2:欣赏《骆驼少女》(了解我国西北部当地的风土人情)

师幼互动:

老师:"仔细看看这幅《骆驼少女》,看看有几位少女? 几只骆驼?"

豆豆:"4个少女、2只骆驼。"

子妍:"我看到了3只骆驼。"

哈尼:"有点数不清楚。"

老师:"看一看程十发爷爷是用怎样的线条来绘画这幅作品的?"

子妍:"有的地方深,有的地方浅。"

丹丹:"我看到了很多弯曲的线条。"

老师:"你们说得都没错,这幅画里的线条,有的深、有的浅,有的线条明显、有的线条模糊,给人一种粗粗细细、虚虚实实的感觉,所以,画里的人物和动物都交织在一起数也数不清楚。"

老师:"再来看看,骆驼上的小女孩骑着骆驼要去哪里呢?"

洋洋:"肯定去沙漠,骆驼就是在沙漠里的。"

若若:"我觉得他们可能要去很寒冷的地方,因为少女的头上都裹着厚厚的头纱。"

老师:"是的! 你们观察得真仔细。他们要去我们中国的西北部,那边的天气夏天非常的炎热干燥、冬天非常的寒冷,所以去那的人们都穿得厚厚的,在头上裹着厚厚的防沙布。"

图4-2-5　师幼参观程十发美术馆1　　图4-2-6　师幼参观程十发美术馆2

老师:"我们的祖国地大物博,民族也非常多,每个民族都有各自民族特色的服装、节日和文化,虽然我们可能会有不一样,但是我们一样都是中国人。"

内容3:欣赏《瑶寨来客》(了解程十发爷爷和少数民族人民的友谊)

师幼互动:

老师:"这幅画的名字叫《瑶寨来客》,那么猜猜画的是哪个少数民族?"

一一:"瑶族,我看到过他们这个衣服,这里有很多画里的小人都是穿着这样的服装。"

老师:"你的小眼睛观察得真仔细,程十发爷爷特别喜欢画瑶族,在他的画里常常会出现瑶族人民的身影。那既然说到来客就是客人来了,从这幅画里你怎么看出有客人来了?"

哈尼:"我看到画里有行李箱,肯定是有客人来了!"

小帅:"我看到有一个拐杖,我猜那个客人年纪肯定很大。"

洋洋:"在他们面前还摆着许多的杯子,大概是给客人喝水的吧!"

卿卿:"是的,是的,我还看到烧火的炉子。"

丹丹:"我看到他们手里拿着画,好像是很漂亮的风景。"

可妮:"我知道了,来的客人肯定是程十发爷爷,他很会画少数民族的风景。"

老师:"你们都看得非常仔细,程十发爷爷来到遥远的边疆,记录边疆少数民族的生活,他随身带着速写本,看到什么有趣的情景就画什么,积累了很多作品,也和少数民族人民成为好朋友。"

内容4:欣赏《赶集》(了解西南少数民族的生活)

师幼互动:

老师:"画里的人们在做什么? 他们的自行车里装满了什么?"

卿卿:"我看到他们骑着自行车好像要去商店。"

可妮:"他们的自行车里都装着很多水果,我猜他们买菜回来了。"

老师:"其实他们是去赶集,你们知道什么是赶集吗? 赶集就是到指定的地方去交换和购买东西,这对于他们来说是个很重要的日子,所以你们看看他们脸上的表情是怎么样的?"

豆豆:"笑嘻嘻的,脸也红彤彤的。"

图4-2-8 幼儿展馆写生过程照①

图4-2-9 幼儿展馆写生作品照②

---

① 该照片是由上海市浦东新区锦绣幼儿园黄炆烨老师拍摄的幼儿在参展。
② 该照片是由上海市浦东新区锦绣幼儿园黄炆烨老师拍摄的幼儿作品。

老师:"程十发爷爷把他们喜气洋洋去赶集的画面用写生的方式画了下来,我们也来一起写生吧!"

内容5:活动宣传

1. 制作微信公众号(包括采访家长、幼儿、教师感受)

【第573期】锦绣幼儿园|缤纷课程——遇见大师程十发、遇见少数民族

2. 家园共育

家长信息反馈:

玖玖的妈妈:

近日参加了幼儿园大一班组织的参观程十发美术馆活动,很精彩,感受到幼儿园培养孩子们艺术素养方面的用心和专业。走出校园走进艺术馆,孩子们都很兴奋,但在老师们和志愿者家长们的带领下,孩子们很有序。黄老师很专业,围绕程十发爷爷的四幅画作,以提问的方式跟孩子们互动,激发他们的想象力,调动孩子们的积极性,从而了解画家作品的意境。孩子们的表现更是让人惊喜,大家都在举手踊跃发言,能够从画作中看出不一样的春天,不一样的动物,不一样的客人,还学到了什么是赶集。参观结束,小朋友们拿出画板,自己挑选喜欢的作品或风景现场写生,这时的他们又变得很安静,很专注,像是感受到了画家的魅力,在很短的时间内完成了很棒的作品。现在孩子们又新认识了一位艺术大师,我的孩子常常张口就是张大千爷爷,吴昌硕爷爷,程十发爷爷……这都是幼儿园带给他们的收获。

丹丹的妈妈:

感谢学校这次组织孩子参观程十发美术馆,自己带着看只能走马观花,孩子可能也没办法静下心感受画的美和程先生的创作背景。在观赏过程中,通过对孩子们的提问,我们可以看出孩子的思维方式是更纯粹的,活动中他们也更专注。在展览的最后,孩子们或者席地而坐,或者坐在展览馆间的长凳上,欣赏着程十发先生的画,或者窗外的景色,完成了他们第一幅美术馆写生画,真的是非常有意义的一次活动。

弘弘的妈妈:

我是大一班韩谨弘妈妈,这次有机会参与了程十发美术馆的参观写生活动,和孩子们一起度过了一个浓浓艺术气息的半天,孩子们都很仔细专注地观察每一幅画,老师们也通过一幅幅美丽的画作引导孩子们思考和拓展,我感受到了老师们的用心。孩子们在参观完以后,还进行了写生活动,可以选择自己喜欢的画作里的人物、动物、植物去进行自由创作,看着孩子们画画时一张张认真专注的小脸庞,太可爱了,我觉得他们都被浓浓的艺术氛围感染了,都在充分发挥想象力,总之我觉得这一次的活动孩子们都很开心,家长也跟着孩子的脚步一同学习收获了不少,感谢学校老师的安排,也感谢参与维持秩序看护孩子们的志愿者妈妈们和老师们,保证了活动的顺利进行。非常期待下一次学校的精彩主题活动,我很愿意积极配合参与。

(二)个别化学习活动

名称	材料照片	材料提供	玩法提示	观察重点
地图拼板		1. 地图拼板 2. 地球仪 3. 各种小图片	1. 按难易不同拼地图 2. 按内容不同找地图 3. 按关系问题探索地图	1. 观察幼儿在拼地图时,其空间概念、方位概念水平,解决问题的方式。 2. 观察幼儿对"地图""城市""少数民族"等概念的认知情况,以及相关知识、经验积累水平。

（续　表）

名称	材料照片	材料提供	玩法提示	观察重点
民族娃娃		1. 56 个民族娃娃 2. 在多媒体阅读区投放各类视频	1. 整理资料、分类展示 2. 根据兴趣阅读资料 3. 针对问题查阅资料 4. 相互交流，自制并介绍卡片	1. 观察幼儿对各民族的服装、文化、节日的兴趣。 2. 观察幼儿是否会积极主动查找资料，搜集关于各民族的信息。
银饰小人	①	1. 锡箔纸 2. 剪刀、胶水 3. 资料图	1. 用锡箔纸撕、剪出民族的头饰、项链等物件 2. 用锡箔纸做出立体挂饰	观察幼儿手部的精细动作发展情况，能否手眼协调地进行撕、团、捏、搓等动作。
民族花纹	②	1. 纸 2. 彩笔	画出具体民族特色的花纹图案	观察幼儿创作民族花纹时是否会用到对称、排序等创意方法。

---

① 该照片是由上海市浦东新区锦绣幼儿园黄炆烨老师拍摄的幼儿作品。

② 该照片是由上海市浦东新区锦绣幼儿园黄炆烨老师拍摄的幼儿画展作品。

五、实施过程的案例记录与反思

我走过的大中国

【片段:我们的大中国】

十一国庆节长假期间,有许多孩子外出旅游了,他们自发地带来了假期旅游照片:

> 老师:"你去了哪些地方旅游? 这些地方给你印象最深刻的是什么?"
>
> 赟宝:"爸爸妈妈带我去过中国的许多地方,我最喜欢的地方是北京,长城像一条龙,故宫里的房子很漂亮。"
>
> 弘弘:"暑假我去了青海,那边有很多彩色的小旗子,是用来许愿的。他们的衣服和我们的不一样,妈妈告诉我他们是藏族人。"
>
> 夏天:"我去过景德镇,那边有很多瓷器,那边的人还用很多碎掉的瓷器拼成了一个建筑。"
>
> 孩子们各自分享着他们的旅行经历和对各地特色的喜爱,每个人的眼中都闪烁着对这个世界的好奇和热爱。

一天,若若带来的照片引发了孩子们此起彼伏的讨论声:

> "哇! 你们的衣服也太漂亮了吧!"
>
> "这是什么衣服呀? 和我们的衣服很不一样呢!"
>
> 老师:"你去了什么地方玩? 你的衣服有什么特点?"
>
> 若若:"我去了昆明,我和姐姐还穿了那边很漂亮的少数民族服装。衣服上还会挂许多饰品,很重。"
>
> 老师:"我们的祖国很大,每个不同的地方都有它不同的风土人情、自然景观,如果我们再去探索又会有许多让人惊喜的不同发现。"

孩子们的"中国旅游分享会"开展得热闹非凡,他们大胆、积极地表达自己的所见所闻。通过彼此的交流和分享,他们惊奇地发现,原来我们的中国这么大,民族这么多,还穿着不一样的服装,说着不一样的语言,但共同的是,大家都是中国人。

为了进一步增进孩子们对多元文化的理解,我们联合家长资源,开始了活动的

169

进一步推进:

1. 收集素材

民族大调查:家长和幼儿一起通过网络、书籍、影视作品等方式,收集中国少数民族习俗。

收集民族特色物品:家长和幼儿共同收集各个民族的代表物并了解其背后的文化寓意。

2. 环境布置

中国地图:在教室内布置祖国地图,并在上面标记幼儿的旅游照片,以此增加环境的互动性。通过观察、比较、讨论,幼儿更深刻地感受祖国的地大物博,增强作为中国人的自豪感。

民族特色娃娃、物品集中呈现:把具有不同民族风格的物品集中在一起,既能比较异同,又能让幼儿直观地体验民族融合的氛围感。

之后,我们开展了主题下"我们的祖国"活动,让幼儿了解到广袤的中国有着56个民族,每个民族的特色与习俗都各不相同。幼儿带着和爸爸妈妈一起收集的资料和物品,纷纷表达自己的发现和感受:

> "我最喜欢藏族的酥油茶,他们还会献上哈达祝福远道而来的客人。"
>
> "苗族人会戴着漂亮的银饰,我带来了帽子。"
>
> "维吾尔族的人民很喜欢跳舞,我也想戴着他们的帽子跳舞呢!"
>
> "少数民族人民的衣服上都有漂亮的鲜花和花纹,颜色也很多。"
>
> "56个民族娃娃的装扮都各不相同!真有趣呀"

这次活动不仅激发了幼儿对少数民族习俗和文化的浓厚兴趣,还让他们意识到中国文化的多样性和丰富性,为他们打开了一个充满新鲜与奇趣的民族文化世界。

多样的民族特色

【片段:创意无限的"最炫民族风"】

通过参观展馆的新体验,幼儿对于少数民族的了解越发深入。结合"我是中国人"的主题经验以及艺术大师主题,双线并进,我们开展了以审美为主线的多元融合主题活动,在幼儿的全面发展中探寻多角度的道德价值。

画展中程十发爷爷笔下的瑶族风情给幼儿留下了深刻的印象,瑶族人服饰中形形色色的民族风花纹以及艳丽的色彩是孩子们在日常生活中很少见的，深深吸引了孩子们的目光。他们好奇于瑶族人的热情与才艺，于是我们一同欣赏了《瑶族舞曲》。孩子们仿佛置身于篝火旁，在音乐中感受瑶族青年围着篝火时而优雅的舞蹈，时而热情奔放地高歌。我听到了这样的声音：

> "我也好想和爱跳舞的瑶族人一样，穿着漂亮的花纹衣服愉快地舞蹈呀。"
> "我也想要打扮成瑶族人民在高山上唱我最喜欢的《大中国》。"
> "那我们需要设计图案吧！"

教室中布置的民族物品和民族娃娃身上的花纹给孩子们带来了创作的灵感，在区角游戏中，他们化身"民族风设计师"，在画纸上挥洒创意，自发设计了许多具有个性的民族风花纹图。许多设计师朋友纷纷向我们投稿自己的定制版花纹，我惊喜地发现，他们的设计中蕴含了许多"小巧思"：

> 玖玖：我设计了藏族特色的花纹，有许多长方形的图案，我想把它印在衣服上去西藏的大草原跳舞。

图 4－2－11　幼儿设计的藏族特色花纹①

我们和孩子们分享了他们的作品："你们设计的图案不仅漂亮，而且还发现了民族的特色，更是乐于和好伙伴们分享你们的设计，为你们点赞。"我告诉孩子们："寓意吉祥、美好是少数民族纹样的主要特征，这些纹样背后都承载着吉祥与美好的祝

---

① 该照片是由上海市浦东新区锦绣幼儿园黄炆烨老师拍摄的幼儿及其设计的花纹。

洋洋：我的花纹集中了我喜欢的形状，三角形、半圆形还有菱形，我想把它作为新的班服，和每个小朋友一起穿。

图4-2-12　幼儿设计的新班服花纹①

愿。"慢慢地，更多的孩子也想要把这份美传递给自己身边的人，在设计背后，也出现了越来越多的小故事：

丹丹：我最喜欢瑶族服装里的五颜六色的花朵和花纹。我的朋友嘉尔脚受伤了，等她好了，我要把这个花裙子送给她！她最喜欢跳舞了。

图4-2-13　幼儿设计的花纹1②

　　孩子们对苗族银饰的兴趣也日益浓厚。孩子们在自由活动时研究起了同伴带来的苗族头饰，他们互相打扮，变身"苗族娃娃"，在玩耍中深入了解了苗族的文化特色。在主题活动中，孩子们了解到苗族的银饰是一大特色，不仅有头饰，还有颈饰、手镯等。

---

① 该照片是由上海市浦东新区锦绣幼儿园黄炆烨老师拍摄的幼儿及其设计的花纹。
② 该照片是由上海市浦东新区锦绣幼儿园黄炆烨老师拍摄的幼儿作品。

图 4-2-14 幼儿设计的花纹 2①

图 4-2-15 幼儿自制银饰②

　　孩子们跃跃欲试想要亲手制作一些银饰,为了满足孩子们的创作欲望,教师认同了他们的想法,并且鼓励孩子们自己去尝试制作。在材料仓库中,孩子们找来了锡箔纸替代银饰,允许他们亲手制作属于自己的"银饰"。孩子们与伙伴共同创作,分工协商,共同装扮自己的"民族娃娃"。

　　有的孩子想要制作银饰来装扮自己,制作首饰可不简单,需要耐心与细心,许多装饰都很微小,锡箔纸会破裂,孩子们也在过程中体验了工匠精神,与合作小伙伴互相鼓励,不怕失败,反复尝试。功夫不负有心人,班级中的"苗族首饰展"也在环境中有了一席之地,越来越热闹了。还有很多"小模特"戴着首饰,为同伴们生动地展示了苗族风情。

---

① 上述照片均是由上海市浦东新区锦绣幼儿园黄炆烨老师拍摄的幼儿作品。
② 该照片是由上海市浦东新区锦绣幼儿园计天辰老师拍摄的幼儿银饰作品展。

图 4－2－16　幼儿装饰的苗族娃娃①

自由活动时,我听到了这样可爱的对话:

> "夏天,你上次去的景德镇好好玩呀!"
> "对呀,我觉得青花瓷特别漂亮,我也想去看!"
> "青花瓷是汉族的特色,我好想做一个花瓶。"

他们在饭后散步的途中还惊喜地发现,我们学校的大厅也有一个青花瓷的花瓶!孩子们真有一双善于发现美的眼睛!随后,我们一起分享了许多青花瓷器的图片,引导孩子们进一步观察和欣赏:

> 老师:"仔细看一看,它们有什么共同点呢?"
> "它们的花纹颜色都是蓝色的。"
> "我也同意,它们的底色都是白色的。"
> 老师:"那有什么不同的地方吗?"
> "花纹的样子不一样。"
> "规律也不相同。"

孩子们制作了各式各样的瓷器作品,他们还想来个"青花瓷大合体"。他们会在自由活动时和伙伴共同欣赏、合作布置他们的"青花瓷展区":

---

① 该照片是由上海市浦东新区锦绣幼儿园计天辰老师拍摄的幼儿作品。

> 翁翁："一一，你做的扇子真漂亮呀，扇风很凉快！"
>
> 若如："前天妈妈送给我的小花和你做的花瓶好搭配呀九九！"
>
> 小帅："哈尼，下次你把你青花瓷盘子带来我家吧，我们用来装蛋糕然后一起吃。"

在一片互相赞扬的声音中，孩子们的"民族风展区"又扩建了！这又是孩子们共同创作的一道美景呀！

图 4-2-17　青花瓷展区①

大一班的孩子们对程十发展馆内展览作品的方式印象十分深刻，他们也想和程十发爷爷一样来个"民族大融合"，布置一个属于我们大一班的画展。于是，我们共同策划、布置，一米长的画展应运而生。我们展出的作品不仅展示了孩子们的艺术才华，更传递了他们对中华民族文化的热爱与自豪。

民族大联欢

【片段：我们的民族秀】

随着活动的深入开展，活动在家长群体中也引起强烈的反响，家长们纷纷反馈，孩子们回家时经常会提到中国的少数民族，每天回家都会滔滔不绝地和家里人介绍，说想要穿少数民族的服饰，想要去中国各地旅游，还想像程十发爷爷一样去少数民族当地做客写生。鉴于此，我们与家长携手，共同策划了一场盛大的"民族大联欢"活动。家长和孩子共同化身活动策划人，商讨制定了详细的"活动计划"：有的想要穿上少数民族服装和同伴跳舞，有的则热衷于参与趣味横生的游戏，还有的小朋

---

① 该照片是由上海市浦东新区锦绣幼儿园计天辰老师拍摄的幼儿青花瓷作品展。

友对童装走秀非常感兴趣,想要在地上铺上红地毯,小伙伴身穿各具特色的民族服装走秀;更有小朋友大开脑洞,渴望在五彩斑斓的灯光下,向大家介绍自己最喜欢的民族特色……

我们的行动紧随其后,将孩子们的"蓝图"一一变为现实。我们和孩子们共同布置场地,一场别开生面的少数民族派对开始了!尽管我们身着不同的民族服饰,但是我们的心却因喜悦而紧紧相连。在走秀、跳舞、拍照、游戏、放声歌唱中,我们更加深刻地理解了民族大团结的深远意义,也深切感受到我们是一个充满爱与欢乐的大家庭。这种温馨的氛围不仅感染了孩子们,更是深深影响了我们,让我们也为之动容,为之深深震撼。

若若:我今天穿的服装是少数民族中的苗族的服装,他们喜欢吃糯米饭,喜欢唱歌跳舞,他们还像我一样美丽,他们经常戴银饰。

嘉尔:我穿的是我国少数民族傣族的服装,他们还会跳孔雀舞,泼水节是在四月举行的,傣族主要生活在云南省。

睦宁:我的装扮是蒙古族,他们又被称为马背上的民族,他们生活在大草原,住的是蒙古包,吃的是牛羊肉和奶类。

图 4 - 2 - 18 "民族大联欢"活动现场

课程故事案例三：走近中国艺术大师——丰子恺[①]

一、活动背景

孩子们在小班时共同饲养了一只垂耳兔，因为浑身长满灰色的毛，便给它起名叫"灰灰"。初见时，灰灰仅有 2 个月大，孩子们非常喜欢它，舍不得把它放到户外，于是便将它养在班级的小笼子里。升入中班后，孩子们把长大的灰灰放进幼儿园的萌宠乐园里。然而，乐园的三只兔子总是发生"争吵"，孩子们为了不让自己的灰灰被咬伤，开始对另一只白兔子进行了轻微的暴力攻击行为，对其他动物的照顾也只停留在看看而已。为了激发孩子们尊重自然、爱护动物、有同情心的美好情感，我们链接到了艺术大师丰子恺，因为丰子恺大师认为美的心境是同情心的发展，保护儿童独特的同情观是健全人格的重要因素，也是形成良好品格的关键，更是增强幼儿审美意识的重要途径，这和我们的课程目标相契合。基于此，我们开启了一场孩子们与动物生命之间的交流活动。

二、艺术大师简介

丰子恺，中国现代书画家、文学家、散文家、翻译家和漫画家，被誉为现代中国最艺术的艺术家，有"中国现代漫画的鼻祖"的盛名。他崇尚简陋生活的工农，崇尚天真纯洁的儿童，憧憬天下如一家，人们如亲族，互相亲爱、互相帮助、共乐其生活。

影响：

丰子恺在漫画、书法、翻译等各方面均有突出成就，先后出版的书法和画集、散文著作、美术理论和音乐理论著作等达 160 部以上。其画作多以儿童为题材，幽默风趣，反映社会现象，被录入民国时期的小学课本，其散文被台湾国文教科书收录。其中漫画以"曲高和众"的艺术主张和"小中能见大，弦外有余音"的艺术特色备受世人青睐。

代表作：

《缘缘堂随笔》《护生画集》《子恺漫画集》《音乐入门》等。

[①] 该案例来自上海市浦东新区冰厂田幼儿园俞婷婷老师。

艺术特点：

1. 书法艺术：丰子恺的书法风格独特，融合了古拙、雅淡和奇趣之美，他的书法看似平淡，笔画间却充满智慧和诙谐，这种风格与他的漫画用笔和画风相得益彰，他的书法主要以楷书、行书和草书为基础，常常将这三种书体结合使用而形成独特的个人风格。

2. 漫画风格：丰子恺的漫画以儿童为题材，风格幽默风趣，内容生活化，充满温情而又深刻揭示社会现象，用色清新活泼，多用红色、绿色和黄色，给人以朝气蓬勃、心情欢悦的感觉。

三、活动方案预设

（一）德育价值预设

德育生活化是目前德育研究的基本共识，德育并非追求知性的"高、大、全"，而是来自日常生活之中，影响并引导孩子逐渐养成与他人、集体、社会、国家等之间关系的行为规范与情感态度。我们的课程基于幼儿园一日生活中的德育契机，在日常生活中培养幼儿的道德行为。《3—6岁儿童学习与发展指南》在艺术领域中明确指出，儿童艺术领域学习的关键在于充分创造条件和机会，在大自然和社会文化生活中萌发儿童对美的感受和体验，丰富其想象力和创造力，引导他们学会用心灵去感受和发现美，用自己的方式去表达和创造美。我们希望通过课程，创造幼儿与动植物充分互动的机会，从而激发他们热爱自然、爱护生命的美好情感。

表4-3-1 "走近中国艺术大师——丰子恺"的价值分析

欣赏层次	层次内涵	审美立德中的价值分析
感觉的层次 你看到了什么	教师持开放的态度，利用艺术作品本身的感染力，激发儿童的探究欲望，鼓励儿童用直接的感知觉与美感意识接触作品，避免把教师的期望灌输给儿童。	1. 感受丰子恺漫画风格作品中用简洁流畅的线条表现生动有趣生活的独特魅力。 2. 运用毛笔等工具表达表现人与动物和谐共生的画面。

（续　表）

欣赏层次	层次内涵	审美立德中的价值分析
智慧的层次 作者表达了什么	艺术活动有赖于智慧的运用,而艺术认知层面的活动是需要学习的。在儿童欣赏作品时,要引导儿童从主题、形式、象征、材料等方面进行有意识的观察,并作扼要的陈述,以进一步了解画面的形式及其内涵。	1. "真""善""美"的传承 感受丰子恺大师独特的艺术风格,艺术也能融入平常生活。探索艺术作品中蕴含的"真""善""美"。 2. 同情心的萌发 《护生画集》传递护生即护心的理念,爱护生灵,劝诫残杀,可以涵养人心的仁爱,可以致世界的和平。故我们所爱护的,其实不是禽兽鱼虫的本身,而是自己的心。
表现的层次 作者是怎么表达的	鼓励儿童在教师的启发诱导下表达对作品的感受,对审美要素进行分析、描述和谈论。教师可以着重分析作品中视觉元素的特色,如作者是如何安排和组织以达到创作的预期效果的。在与儿童的交流中,教师用隐喻、暗示和解释等巧妙地呈现艺术品的内涵与意境,并对所知觉的作品结构作必要的说明、解释和评价。	1. 理解画面中人物、动物、风景之间的空间关系。 2. 感受画面中的线条和形状。

（二）活动方案预设

本学期,我们结合中班幼儿年龄特点和"在动物园里"主题经验,架构班本化课程内容,紧密地围绕德育的内涵,通过审美活动强化幼儿的审美经验,激发幼儿的道德情感,提升幼儿的道德认知。

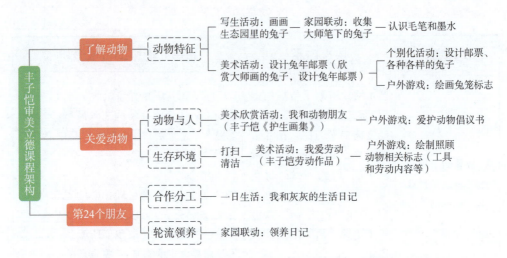

图4-3-1 "走近中国艺术大师——丰子恺"思维导图(以美术活动为例)

四、集体活动举例

【例一】兔子写生画

活动目标:

1. 仔细观察兔子,尝试将观察到的兔子的外形特征画下来。

2. 愿意与同伴交流自己观察到的兔子外形,体验写生画的乐趣。

活动准备:

物质准备:铅画纸、马克笔、写生板。

经验准备:在户外游戏中,与动物乐园里的兔子有充分的观察和互动的

机会。

活动过程:

一、回顾导入

出示作品照片

导入语:这些照片都是你们在动物乐园和小兔子做游戏时画的画。

提问:你们画的小兔子是怎么样的? 它在干什么呢?

小结:同样是画灰灰的,有的给它画了短耳朵,有的画了长耳朵,眼睛的

颜色也不一样,蹦蹦跳跳的小兔灰灰在你的眼里变得不一样了,真有趣。

二、聊聊写生

1. 出示写生的照片

提问:照片中的人在干什么?

2. 出示写生画作品

提问:写生画和我们平时画的画有什么不一样?

小结:写生画也是一种绘画方式,是将眼睛看到的实物或是风景直接画下来,艺术家的写生画有时候可以像照片一样逼真。

三、写生兔子

1. 写生实践

过渡语:今天我们也带上画板,做做写生小画家,来到我们的动物乐园里,把你看到的兔子真实的样子画下来吧。

2. 交流分享

提问1:你的写生画中的兔子是长什么样的?

提问2:用什么绘画方式来表现的?

小结:通过仔细耐心的观察,原来我们动物乐园里的三只兔子都是长得不一样的,它们的外形不同、颜色不同,连生活习惯都不一样。

【例二】美丽的兔纹画

活动目标:

1. 欣赏兔纹画,初步了解兔纹画的含义。

2. 尝试在兔轮廓中添画花纹和图案,大胆表达对兔子的喜爱之情。

活动准备:

物质准备:传统兔纹画、不同兔轮廓的画纸、水彩笔。

经验准备:对兔子有一定的喜爱之情。

活动过程:

一、回顾导入

出示幼儿与兔子开心互动的照片。

提问:照片中记录了你们与兔子的亲密时刻,照片中你和兔子在干什么? 你的心情是怎么样的?

小结:和兔子在一起玩的时光总是那么快乐,它那么柔软那么可爱,我们都很喜欢它。

二、欣赏兔纹画

出示传统兔纹画。

提问1:你看到了什么?

提问2:这些兔子和我们平时画的兔子有什么不一样?

提问3:为什么要在兔子身上画上这些花纹呢?

小结:这些美丽的画叫兔纹画,原来我们的祖先在很久之前就在兔子身上画各种花纹传递祝福。

三、创作兔纹画

1. 幼儿创作

2. 交流分享

小结:今天我们也学着我们的祖先在兔子身上画上各种美丽的花纹和图案,以表达对小兔子的喜爱之情。

【例三】丰子恺《护生画集》

活动目标:

1. 欣赏《护生画集》,初步感受丰子恺作品的漫画风格。

2. 观察理解画面内容,感受护生画集中传递的爱护动物之情。

活动准备:

物质准备:《护生画集》中的 9 幅作品

活动过程:

一、谈话导入

提问:你们在和动物朋友相处的过程中,有没有遇到什么问题?

出示游戏时的照片。

提问:看看这些照片中的动物怎么了?(不愿意与人亲近)

小结:动物朋友和我们人是不一样的,想要和它们交朋友要用特别的方法。

二、欣赏《护生画集》

(出示丰子恺照片)

过渡语:这位丰子恺爷爷非常善于和动物交朋友,他把和动物交朋友的方法都画了下来。

(出示9幅作品)

提问1:你看到了什么?

提问2:你最喜欢哪一幅作品呢?为什么?

提问3:丰子恺爷爷的作品有什么特点吗?

小结:丰子恺爷爷用毛笔蘸上墨汁把爱护动物的方法画在了宣纸上,他的这种绘画风格叫漫画风格。

三、分享讨论

讨论:作品中的人是怎么照顾动物的?和我们有什么不一样?

分享:说说自己在动物乐园里和动物相处的经历。

小结:动物朋友需要我们像妈妈照顾小宝宝一样精心地照顾它们,既要有爱又要有行动。在大自然中还有很多很弱小的生命,更需要我们的关心和爱护,等我们长大了,也会有更多的能力去保护比我们弱小的生命。

【例四】认识文房四宝

活动目标:

1. 初步认识文房四宝,了解笔墨纸砚的基本特征和用法。

2. 感受中国传统文化,体验毛笔画画的乐趣。

活动准备:

物质准备:笔、墨、纸、砚实物和照片、使用文房四宝的视频

经验准备:家园共育寻找身边的文房四宝

活动过程:

一、激趣导入

出示文房四宝的照片。

提问:你认识它们吗? 你在哪里见过这些东西?

小结:这些笔墨纸砚是我们中国才有的东西,是古人用来画画写字的工具,之前我们欣赏过的丰子恺爷爷的《护生画集》就是用毛笔画出来的。

二、了解文房四宝

1. 展示文房四宝实物

幼儿体验:看一看,摸一摸文房四宝。

幼儿讨论:这些工具和我们平时画画使用的工具有什么不同?

幼儿猜测:你觉得文房四宝是如何使用的?

2. 观看文房四宝使用的视频

提问1:文房四宝使用的顺序是怎么样的?

提问2:使用这些工具的时候要注意什么?

小结:毛笔是用动物的毛发做成的,所以非常软,可以吸收墨汁,宣纸薄薄软软的,所以画起来要小心一些。

三、体验毛笔画

导入语:今天我们也来学着丰子恺爷爷,用毛笔在宣纸上画画你喜爱的动物朋友吧。

幼儿操作:要求毛笔蘸少量墨汁,毛笔竖直着在宣纸上画画。

展示分享:我用毛笔画了什么动物朋友。

小结:今天我们用毛笔在宣纸上画出了可爱的动物朋友,原来用毛笔和宣纸画画的感觉很特别,真有趣。

【例五】爱护动物倡议书画展

活动目标：

1. 用毛笔创作爱护动物倡议书，大胆介绍倡议书的内容。

2. 讨论设计画展内容与布置，体验布展的快乐。

活动准备：

物质准备：毛笔、宣纸、大圆垫子。

经验准备：了解丰子恺大师的《护生画集》。

活动过程：

一、回顾导入

讨论：说说哪些是照顾动物、爱护动物的行为？

提问：我们马上就要更换游戏场地了，怎么样才能让更多的人知道这些照顾动物的方法呢？

小结：我们一起把爱护动物的行为画下来，让幼儿园里的哥哥姐姐和弟弟妹妹们都加入爱护动物的行动中来吧！

二、幼儿创作

要求：用毛笔在宣纸上将爱护动物的行为画下来。

三、分享讨论（圆桌形式）

1. 介绍自己的爱护动物倡议书

2. 布展讨论

(1) 在什么地方布展。

(2) 怎么知道是我们班级的画展以及画展内容？

(3) 怎么样吸引更多的人来看？

小结：布置画展除了需要画作之外，还需要制作一些标记、打印一些活动照片，方便别人理解。

五、实施过程的案例记录与反思

表现创造:如何表现兔毛

【片段:兔子写生活动】

当孩子们对他们熟悉的灰灰进行写生活动时,我发现很多孩子关注到了兔毛。

> 波波:"兔子的毛是一根一根细细的。"
>
> 加慧:"兔子的毛是波浪形的,因为摸起来很柔软。"
>
> 天天:"兔子的毛是一层一层的,像我穿的蛋糕裙,很漂亮。"
>
> 暖暖:"那兔毛到底是怎么样的呢?"
>
> 老师:"因为你们都很爱灰灰,所以关注到了它柔软美丽的毛发,只要心中有爱,兔毛可以是任何美丽的样子。"

孩子们认为兔毛是柔软的,是美丽的,他们想要把这种对兔子的赞美和喜爱表达出来,于是借助中国传统纹样——兔纹这一载体,让孩子们感受到原来我们的祖先在很久之前就在兔子身上画各种花纹传递祝福。

图4-3-2　兔子写生活动现场照①

表现创造:美丽的兔纹画

【片段:创作兔纹画】

通过兔纹画,我们看到了每一位孩子生动的情感表达。

---

① 上述照片均是由上海市浦东新区冰厂田幼儿园俞婷婷老师拍摄的幼儿及其作品。

唐芯：“我把最好看的花纹送给‘灰灰’，还画了很多太阳，希望它永远不冷。”

波波：“我画了一条汽车项链，这样灰灰会更漂亮，还画上了它最喜欢的胡萝卜和麦草，能一直有东西吃。”

溪溪：“我画上了花朵和宝石，花朵和宝石是最美的东西。”

老师：“爱动物就是要给它美好的和它所需要的。”

图 4-3-3　幼儿创作美丽的兔纹画[①]

感知欣赏：丰子恺《护生画集》

【片段：九图共赏】

我们在丰子恺大师的护生画集中选择了 9 张作品和孩子们共同欣赏。他们看到了不一样的生命，有破砖而出的小草，有嗷嗷待哺的小鸟，有充满母爱的母鸡……

老师：“你最喜欢哪一幅作品呢？”

贤诚：“我最喜欢小鱼那一幅，我平时想要看鱼，鱼都藏起来了。”

老师：“我们平时看鱼的时候总是很大声，还要用手去捞鱼，它们会感到紧张害怕，对待小生命我们要温柔有耐心。”

等等：“我最喜欢一根小苗苗在墙上长出来，小苗苗都是在地上长出来的，怎么会在墙上长出来呢？”

———————

① 上述照片均是由上海市浦东新区冰厂田幼儿园俞婷婷老师拍摄的幼儿及其作品。

老师:"小草的生命很强大,只要有机会它就会努力生长,即使是这么坚硬的砖墙,也能破砖而出,真的太有力量了。"

妍妍:"我最喜欢母鸡背着小鸡的那幅画,母鸡怎么也像人一样?"

老师:"动物和人一样,它们的爸爸妈妈也很爱自己的孩子。"

作品里人与植物、动物之间的关系,和孩子们在游戏场地中的经历产生了认知冲突,引发了他们的好奇。于是,我又问孩子们:"作品中的人是怎么照顾动物的?和我们有什么不一样?"

云雅:"动物都没有关在笼子里,很自由。"

老师:"我们每天有很多时间在户外活动,你们感到很自由很快乐,动物朋友也需要这样的快乐。"

嘉宝:"他们给动物很多好吃的,每个动物都能吃到。"

老师:"足够的食物是动物朋友需要的,不然它们也会发生争吵的。"

于是,孩子们也想像丰子恺爷爷一样把爱护动物的行为画下来,他们将自己的感受创作成了一幅幅爱护动物倡议书。

表现创造:爱护动物倡议书

【片段:布置画展】

溪溪:"动物朋友需要一个干净的家,脏脏的环境会让它们变得难闻和生病。"

唐芯:"要给每只小兔子准备好胡萝卜,不然它们会打架的。"

予墨:"给动物朋友喜欢吃的东西、带它散步,它开心的时候是很温柔的。"

波波:"我用椅子给蚂蚁造了一条回家的路,希望它们不要被人踩伤。"

暖暖:"灰灰还很小,我们要像妈妈爱宝宝一样去照顾灰灰。"

教师:"动物朋友需要我们像妈妈照顾小宝宝一样精心地照顾它们,既要有爱又要有行动。在大自然中还有很多很弱小的生命,更需要我们的关心和爱护,等我们长大了,也会有更多的能力去保护比我们弱小的生命。"

图 4-3-4　幼儿创作的爱护动物倡议书①

图 4-3-5　爱护动物成品展②

表现创造:小兔日记

【片段:小兔进我家】

　　我们充分利用了家长资源,发动家长的力量,收集到了生活和艺术中关于兔子的作品(黄永玉大师的兔子邮票,韩美林大师的兔子挂历、明信片,齐白石大师笔下的双兔图,中国传统纹样兔纹画),一起了解兔子艺术作品中表达的寓意。

---

　①　上述照片均是由上海市浦东新区冰厂田幼儿园俞婷婷老师拍摄的幼儿作品。

　②　上述照片均是由上海市浦东新区冰厂田幼儿园俞婷婷老师拍摄的爱护动物成品展。

4-3-6　课程环境照①

周末时,灰灰作为我们班级的第24位朋友,会轮流到孩子们的家中做客,孩子们会将灰灰在家时的趣事记录在"小兔日记"中。

> 溪溪:"小兔灰灰在我们家里过得很开心,一开始有点紧张,但我们让它在家里走了一会,它就爬到我的脚边,像在和我们打招呼,我和妈妈还有妹妹都舍不得它走了。"
>
> 加慧:"我带灰灰去公园散步了,给它喂了青菜和胡萝卜,我和姐姐弟弟一起照顾灰灰,他们也很喜欢它呢!"
>
> 老师:"有了你们的关心、照顾和陪伴,灰灰的周末也能丰富又精彩,谢谢你们如此爱它,你们对灰灰的爱会一直延续,从幼儿园到家中,从现在到未来。"

在一起记录、翻阅小兔日记的过程中,"小兔日记"成为我们每一位朋友之间的情感纽带。

---

① 上述照片均是由上海市浦东新区冰厂田幼儿园俞婷婷老师拍摄的课程实施环境。

【课程反思】

德以启美，美显德彰

在与孩子们共建课程的过程中，我们发现，他们感受生命最直观的方式始终是经历，是幼儿最朴素的学习方式，审美就是经历和体验美的过程。我们及时捕捉德育契机，以审美为手段，强化幼儿的审美感知，发展幼儿的审美想象，激发幼儿的审美情感，而这些情感直接或间接地强化了幼儿的道德感受和认知。

从幼儿偏爱小兔的情感出发，通过欣赏丰子恺大师的《护生画集》和其他不同大师的兔子作品，激发幼儿对动物的"大爱"，鼓励他们创作自己的画作。大师的作品唤起了他们对动物的兴趣及喜爱之情，而这份质朴、纯真的情感会成为孩子们尊重自然、爱护动物的内在动力。

课程故事案例四：走近中国文房四宝①

一、活动背景

文房四宝是指中国独有的书法绘画工具（书画用具），即笔、墨、纸、砚。文房四宝之名，起源于南北朝时期。文房用具除四宝以外，还有笔筒、笔架、笔洗、书镇、墨条和墨碇等等，也都是书房中的必备之品。

毛笔是古代中国迥异于西方民族用羽毛书写的独具特色的书写、绘画工具。当今世界上虽然流行铅笔、圆珠笔、钢笔等，但是毛笔是仍旧不能被替代的。

墨是书写、绘画的色料，现如今有可以磨墨的墨条、墨碇、墨汁等。

纸是中国的一个伟大发明，世界上纸的品种虽然以千万计，但"宣纸"仍然是供毛笔书画用的独特的手工纸，宣纸质地柔韧、洁白平滑、色泽耐久、吸水力强，在国际上享有"纸寿千年"的声誉。

砚，俗称砚台，是中国书写、绘画研磨色料的工具，汉代时砚就已经流行，宋代则已经开始普遍使用。

---

① 该案例来自上海市浦东新区锦绣幼儿园潘静超老师。

二、幼儿经验

当小班幼儿走进美术创意室,看到毛茸茸的毛笔时,不禁会问:"老师这是什么?摸起来软软的,为什么这个笔有毛?"

看到哥哥姐姐的水墨作品时,也会产生疑问:"这些是怎么画出来的? 为什么有的那么黑,有的灰灰的?"

带着这些疑问,我们和毛笔开始做朋友,还用手摸了摸宣纸,感受纸张的异同,闻了闻墨汁的气味……从视觉、嗅觉和触觉入手,我们开启了"文房四宝"的探索之旅。

三、活动方案预设

(一)德育价值预设

文房四宝,这些绘画、书法工具是我们古人的智慧结晶,承载着中国传统文化内涵,是属于中国的文化瑰宝。因此,我们意在通过对这四种工具的深入接触,在感知欣赏和表达表现过程中,着力挖掘幼儿的民族自豪感,也引发幼儿珍惜物品、爱护器具的良好习惯。

表 4 - 4 - 1 "走近中国文房四宝"的价值分析

欣赏层次	层次内涵	审美立德中的价值分析
感觉的层次 你看到了什么	教师以开放的态度,利用艺术作品本身的感染力,激发儿童的探究欲望,鼓励儿童用直接的感知觉与美感意识接触作品,避免把教师的期望灌输给儿童。	通过欣赏大师的水墨画、书法作品,以及大班哥哥姐姐的相关作品,初步了解文房四宝的作用和特点。此外,通过触觉和感觉,感知毛笔、宣纸的特性。
智慧的层次 作者表达了什么	艺术活动有赖于智慧的运用,而艺术认知层面的活动需要学习。在儿童欣赏作品时,引导儿童从主题、形式、象征、材料等多维度进行有意识的观察,并作扼要的陈述,以进一步了	1. 中华审美形式的感知 通过对水墨作品、创作材料、艺术风格等的了解,感受中国水墨的有趣和独特的美感。 2. 中华审美精神的感知 通过对材料的使用、创新的玩法等

（续 表）

欣赏层次	层次内涵	审美立德中的价值分析
	解画面的形式及其内涵。	形式,感知古人智慧的结晶,萌发爱惜物品、珍惜使用、不浪费的情感。
表现的层次 作者是怎么表达的	鼓励儿童在教师的启发诱导下表达对作品的感受,分析、描述并谈论审美要素。教师可以着重分析作品中视觉元素的特色,如作者是如何安排和组织以达到创作的预期效果的。在与儿童的交流中,教师用隐喻、暗示和解释等手法,巧妙地呈现艺术品的内涵与意境,并对所知觉的作品结构作必要的说明、解释和评价。	通过对幼儿作品的解析、评价等,引发幼儿对文房四宝妙用的探索,对中国的传统艺术有了解的愿望。

（二）活动方案预设

小三班在开展"走近文房四宝"特色活动过程中,从多感官感知、自主创作、家园体验三大部分,融合多元活动,推进审美立德。

四、活动举例

（一）集体活动

【例一】认识文房四宝

一、活动目标

1. 尝试使用文房四宝,了解它们的使用方法。

2. 喜欢动手动脑探索材料,发现笔墨纸砚其明显特征。

二、活动准备

文房四宝若干份。

三、活动过程

（一）认识文房四宝

导语：艺术家在画画写字的时候会用到哪些材料呢？会用到笔墨纸砚，这四样宝贝在一起有一个很好听的名字叫文房四宝。

提问：那么笔墨纸砚怎么用呢？

幼儿实录：毛笔是画画的，大的毛笔画大的东西，小的毛笔画小的。宣纸软软的，墨汁黑黑的，砚台是磨墨的。

老师回应：毛笔是用动物的毛做成的笔，笔尖是尖尖的，蘸取颜料和墨汁就能画画和写字。墨汁是哪里来的呢？中国古代人发明了墨，加点水在石头做的砚台上磨墨，就会变出墨汁。纸是中国四大发明之一，宣纸是用来画画写字的好材料。

（二）使用文房四宝

过渡：刚才我们认识了文房四宝，今天我们再来用用文房四宝。

交代要求：分成六组，试试笔墨纸砚怎么用。

幼儿操作，老师重点关注幼儿如何动手动脑探索材料。

讨论：为什么有的墨汁会化开，有的墨汁不会？写字的时候墨汁化开会怎样？怎样变出不会化开的墨汁？画画的时候不需要那么浓的墨汁怎么办？宣纸和我们平时用的卡纸、铅画纸、手工纸有什么不一样？

幼儿实录：墨汁在纸上会变大，变成一个大黑点。毛笔可以画长长的黑线，多加点水，就会变成灰色的线。宣纸是毛笔和墨汁的朋友，摸起来软软的，不能撕，撕了就坏了。卡纸硬硬的，卷不起来。手工纸是折纸用的，有颜色，我喜欢红色的……

老师回应：墨条用力磨墨，经过一段时间才会磨出浓的墨汁。浓墨写字特别方便，不会化开。但是画画的时候也会需要淡墨，化开的感觉会让作品浓淡相宜。宣纸特别轻柔，吸墨作用明显，特别适合用毛笔画画写字。

（三）拓展

讨论：关于文房四宝还有什么问题？

收集幼儿问题做进一步拓展，并进行后续的探讨。

幼儿生成问题：

1. 为什么墨汁都是黑黑的，有没有其他颜色？有没有红色、绿色的墨条，或者其他颜色的墨条？

图 4 - 4 - 1　幼儿体验文房四宝①

2. 墨汁闻起来臭臭的，有没有香香的墨汁？

【例二】穿越千年的纸

一、活动目标

1. 了解纸是中国古代四大发明之一，萌发自豪感。

2. 探究纸的特性，感知纸与自己生活的关系。

二、活动准备

1. 美育课程资料库——东方艺术系列——穿越千年的纸

2. 美育课程资料库——四大发明系列——造纸术

---

① 该照片是由上海市浦东新区锦绣幼儿园潘静超老师拍摄的幼儿在体验文房四宝。

3. 各种纸张、记录表

三、活动过程

（一）记录

讨论：我们周围哪些东西是用纸做的？这些纸一样吗？哪里不一样？

交代：找自己最感兴趣的几种纸。

分享：说说最感兴趣的纸的名称、特点、用途。

（二）探究

讨论：纸是谁发明的？是怎么制造的？

（播放"美育课程资料库——四大发明系列——造纸术"视频）

小结：原来纸是中国古代四大发明之一，中国人真有智慧。

讨论：纸都是怕水的吗？

（播放"美育课程资料库——东方艺术系列——穿越千年的纸"视频。）

小结：原来纸是中国古代四大发明之一，古代人还发明了纸伞，在纸涂上桐油，又结实又防水。纸虽然薄，但经过处理，也能变得很强大。

图4-4-2 幼儿体验"不一样的纸"

（三）特别的宣纸

每个幼儿比较宣纸和手工纸的区别。

提问：你更喜欢古代就有的宣纸，还是我们现在经常用的手工纸？说说你的理由。

幼儿实录：我喜欢手工纸，因为手工纸有颜色，我最喜欢黄色的；我喜欢卡纸，卡纸硬硬的，画了不会破掉；我喜欢宣纸，我以前没玩过……

老师回应：宣纸适合用来画水墨画，吸水、轻柔，代表着特别的中国艺术，是我们中国人的骄傲。手工纸色彩丰富，能折能画，也是我们小朋友的好朋友。原来各种纸都有自己独特的作用。我们的生活离不开各种纸张。

【例三】一米画展

一、活动目标

1. 尝试参与布置画展。

2. 愿意说说自己的画展内容，尝试介绍用到的文房四宝（笔墨纸砚）。

二、活动准备

班级、走廊里的作品展示、幼儿照片等。

三、活动过程：

（一）画展放什么

讨论：我们也有自己的画展，那么画展里放哪些东西呢？

小结：文房四宝的介绍，和爸爸妈妈一起收集的资料，我们小朋友的作品，画画时的照片、工具、视频。

（二）布置画展

幼儿和教师一起张贴作品、照片等。

（三）介绍画展

提问：谁来介绍一下你们自己的画展。说清楚这是什么，可以怎么玩。

将幼儿的介绍用点读笔记录并在画展中展示。

幼儿的"画语"解读：

小来：你看这是我画的，我吹的墨大不大，厉不厉害？

小书签：这个大毛笔这么大，我手都拿不下啦！我还是用小的毛笔画画吧。

小樱桃：我按的花好看吗？妈妈说这是腊梅花，我们小区里就有。

晨晨：我吹的泡泡墨变成了莲蓬，吹的跟画的是不一样的。

小丸子：我们画画用宣纸，这个纸（瓦楞纸）我没见过，像一把梳子。

老师回应：

你们的画展非常漂亮！文房四宝是我们的好帮手，帮助我们画画创作，笔墨纸砚是古人的智慧，这次我们了解了宣纸、毛笔、砚台，有了更多的本领。教室里还有很多材料，你们可以继续探索笔墨纸砚的秘密。

家园共育中的德育小故事：

自从我们开展文房四宝活动以来，得到家长的全力支持，洛克妈妈带来了很多宣纸，让幼儿可以想画就画；晨晨妈妈带来了笔架，孩子们第一次看到，非常感兴趣……在活动开展的过程中，我们鼓励家长和孩子在家也进行延伸活动。一次与洛克妈妈交流中，我们了解到，洛克家里有很多纸，因此洛克很喜欢在家用毛笔画画写字，以前他会在纸上画两笔就换一张新纸，但自从看了造纸术，亲身体验造纸的过程后，他回家就和妈妈说是造纸很难的，他表示以后不会浪费纸了，以前画过的纸还可以再看看哪里可以利用。他回家会照着老师的样子，把空白的纸撕下来，自己做纸浆，自己来造纸。洛克妈妈表示，作为家长一直都非常支持孩子的各种想法和创作行为，但现在发现，在活动中蕴含着很多小道理，孩子在体验中感受以前没有过的体验，这次洛克从造纸术中感悟到纸的来之不易，我们可以节约用纸，或者二次利用纸张，这样才不会浪费。不难发现在艺术活动中，也饱含了德育价值，通过造纸小活动，孩子体验了造纸的过程，同时也领悟到要爱护、珍惜我们所用资源和物品，这就是我们审美立德的意义，这就是我们在审美活动中的德育价值体现，也让我们的家长有所体悟，可谓是一举多得。

（二）个别化学习活动

名称	材料照片	材料提供	玩法提示	观察重点
研墨	①	砚台、墨条、水。	砚台上放入适量清水，鼓励幼儿在砚台上用墨条磨一磨，观察墨汁产生的过程。	观察幼儿使用砚台的情况，鼓励幼儿用力磨墨。
造纸术	②	造纸材料包、水、博雅视频。	1. 撕纸做纸浆，将纸撕开成小块状，泡发在水中。 2. 纸浆泡水进行泡发，将纸浆平铺在网格中，晒干，变成新的纸。	鼓励幼儿体验造纸的过程，感受纸张来之不易。
毛笔排排队		笔架、毛笔。	1. 观察毛笔外形，根据毛笔大小尝试给毛笔排序。 2. 尝试用毛笔创作绘画，感受毛笔绘画的乐趣。	观察幼儿对毛笔感兴趣程度，引导幼儿尝试控制毛笔的墨量和水量。

---

① 该照片是由上海市浦东新区锦绣幼儿园潘静超老师拍摄的幼儿在研墨。

② 该照片是由上海市浦东新区锦绣幼儿园潘静超老师拍摄的幼儿在造纸。

（续　表）

名称	材料照片	材料提供	玩法提示	观察重点
	①			
玩墨	②	卷轴、墨汁、滴管、吸管、反穿衣、毛毡。	1. 使用滴管将墨汁滴在卷轴上，并用吸管将墨汁四散吹开。 2. 在墨汁晒干的基础上，尝试添画。	1. 观察幼儿滴墨、吹墨的情况，提示幼儿往外吹气，避免吸入墨汁。 2. 观察幼儿使用不同材料添画情况，鼓励幼儿吹墨时用力，尝试朝不同方向吹。

五、实施过程的案例记录与反思

多感官感知：看看摸摸、闻闻玩玩

【片段1：第一次接触】

带着刚进入小班的孩子参观我们的特色活动室——美术创意室。孩子们对作品、材料都非常感兴趣，他们见到了以往从未接触过的各种材料和工具。创意室中间有一块很大的区域是中国水墨，其中有大师的作品，也有中大班孩子的创作作品，桌上有笔墨纸砚，墙上有水墨扇子、水墨油纸伞和水墨风筝，这一切都十分吸引着孩

---

① 该照片是由上海市浦东新区锦绣幼儿园潘静超老师拍摄的幼儿在观察毛笔、感受毛笔。

② 该照片是由上海市浦东新区锦绣幼儿园潘静超老师拍摄的幼儿在研墨、玩墨。

子。他们对于水墨画特别好奇。

洛克："老师，这是什么？"

老师："这是水墨画，用墨汁画的。"

洛克："什么是墨汁？"

老师："墨汁黑黑的，可以用来画画。"

小丸子："那是什么？（指着桌上的笔架和毛笔）"

老师："这是毛笔和笔架，它们和墨汁是好朋友，毛笔蘸上墨汁就能画画和写字。"

小丸子："毛笔上有毛，真好玩。"

老师："要不要试试？"

小丸子点点头。于是老师引导小丸子从笔架上取下毛笔，试着拿起笔。没想到小丸子摸起了上面的毛。

图4-4-3　幼儿感受毛笔①

小丸子："摸起来硬硬的，一点也不软。（毛笔是旧的，之前使用过，清洗干净后阴干后变硬了）"

老师："要不要试试新的毛笔？"（边说边给小丸子一支未拆分的新毛笔）

小丸子："哇！这个毛笔软软的，摸起来像我的兔子玩具！"小丸子很开心。

老师："是的，新的毛笔毛茸茸的。蘸上水和墨汁后就不一样了。"

姚姚："老师，这个是画画的纸吗？"

老师："是的，你摸摸看？"

姚姚摸了摸宣纸："老师，这个纸也是软软的，不是硬硬的。"

图4-4-4　幼儿感受纸②

_____

① 该照片是由上海市浦东新区锦绣幼儿园潘静超老师拍摄的幼儿在感受毛笔。

② 该照片是由上海市浦东新区锦绣幼儿园潘静超老师拍摄的幼儿在感受纸。

老师:"什么纸硬硬的呢?"

姚姚:"我们教室里的纸。画画用的。"

老师:"你记性真好,是的,我们教室里的纸是卡纸,这是宣纸,专门用墨汁来画画的。"

姚姚:"为什么呢?"

老师:"下次我们画画看你就知道了。"

小来:"老师,墨汁我知道,我妈妈喜欢用墨汁写字。"

老师:"是吗? 原来你知道墨汁,要不要给大家介绍下?"

小来:"我告诉你们,墨汁是臭的! 哈哈哈。"小来很开心,他一边说一边很兴奋。

其他人听到后都看着小来,表示怀疑。

老师:"哇,你知道墨汁的味道! 要不要让大家来闻闻?"说着,老师拿了瓶墨汁给小来,小来拿着墨汁瓶,一个一个放在每个凑过来的鼻子前,闻过的孩子都说,墨汁臭臭的,闻起来很奇怪,然后孩子们都笑了。

第一次与文房四宝接触,教师并没有把概念和笔墨纸砚的特性一股脑说给孩子听。带领孩子去创意室,让他们先以感官来感受这些工具和作品,反而吸引他们探索的欲望,也比较符合小班孩子的好奇心,增加了他们对文房四宝一探究竟的兴趣。从看一看、摸一摸和闻一闻开始,通过视觉、触觉和嗅觉,孩子们对这些美术工具有了初步的认知,与此同时,哥哥姐姐们的作品集也萌发了孩子创作的欲望。

【片段2:观察比较,发现独特性】

小书签:"老师,墨汁在宣纸上变大了! 它被吸干了。"

小来:"对的,妈妈说宣纸会吸墨汁!"

姚姚:"海绵也会吸水,它们都是软软的。"

老师:"那你觉得硬硬的卡纸能吸水吗?"

姚姚:"我不知道。"

老师:"要不要试试? 我还有其他的纸,一起试试看?"

姚姚、小来、小书签:"好的,我要试试。"

说完,老师拿来了教室里各种各样的纸,先让他们摸了摸材质,感觉一下各种材质的纸。随后每人拿毛笔蘸上墨汁，在各种纸上滴上墨汁，看看纸张的变化。

小来："墨汁没有变大！（墨汁滴在卡纸上）我一动（纸），墨汁跑掉了！"

姚姚："手工纸也是！"

小书签："我的墨汁会变大！（用了宣纸）"

老师："宣纸吸收得很快，你们知道宣纸是怎么来的吗？"

图4-4-5 幼儿体验造纸①

小书签："我知道，是机器造出来的！"

老师："是的，但是很久以前就有宣纸了，我们的古人会自己造纸，不用机器。"

姚姚："我也要自己造纸！"

小来："可是我们不会。"

老师："我们可以一起来试试，先来看看需要什么材料，再看看步骤图。"

经过几次的合作，几个朋友再等了2天后终于造出了一张皱皱的纸。

姚姚："这个纸是我们做的。"

小书签："怎么是这样的？"

小来："这是宣纸吗？怎么不像……"

老师："做了两天，终于成功了。你们不高兴吗？"

璨璨："我来看看，这个纸不好看。是你们做的？"

小来："对啊。可是不像我们用的。太丑了！"

老师："可是是你们自己做的哎！很不容易哦～就像古人一样，他们造纸也很难，而且每次造纸不一定都能成功。你们看造了2天，才这么一点可以用。"

小书签："没有机器造纸，纸很难造。对吗老师？"

老师点点头。

姚姚："可是我们教室里有很多宣纸，不用我们自己造了呀。"

---

① 该照片是由上海市浦东新区锦绣幼儿园潘静超老师拍摄的幼儿在造纸。

老师:"你觉得太难了是吗?"

姚姚点点头。

老师:"造纸确实很难,我们现在用的纸很珍贵呢。"

小书签:"那我们不能浪费纸!"

小来:"我没有浪费纸呀!"

老师:"你是怎么做的呢,小来?"

小来:"你看我的卡纸反面我也画了。"他一边说一边拿来自己的作品。

老师:"你做得真棒! 你们也要珍惜纸张哦。"

大家听了都点点头表示认同。

在孩子初探这些工具的时候,对宣纸的兴趣并不大,可能他们对待宣纸就像对待其他纸张一样,在孩子们的思想中,宣纸与平常画画的纸只有一点区别罢了。但通过造纸术,他们逐渐了解造纸的不易,从而对于纸张的使用谨慎了起来,不像之前,有想法了就会拿纸去画,可能画了一点就会换一张纸继续,从来没有考虑过节约用纸。在盥洗室也一样,有时候擦纸可能会浪费好几张,每次苦口婆心的口头提醒并没有达到预期效果。对于小班幼儿而言,亲身实践才能引起关注,因此通过这次的活动,让孩子重视起了纸张,摸一摸、试一试、造一造……这样的实践过程让孩子明白,很多东西来之不易,我们要珍惜爱护,避免浪费。

表达创作:"玩转"笔墨纸砚

1. 创设班级环境

保持着对文房四宝的探索之心,教师在教室里的区域中创设了相关环境,放上了有关水墨的绘本,笔墨纸砚都摆放在其中,包括砚台、墨条等,许多东西都是幼儿第一次看到的。

2. 欣赏中国大师水墨作品

上次在美术创意室看到了很多水墨作

图4-4-6 幼儿欣赏水墨作品①

---

① 该照片是由上海市浦东新区锦绣幼儿园潘静超老师拍摄的幼儿欣赏活动。

品，但时间不是很长，孩子们没有细细欣赏，这次通过欣赏大师作品让他们进一步探索中国的水墨特色。

> 熙熙："老师，为什么有的墨汁不是黑的？"
> 小麦："你看这个山是绿色的，蓝色的（张大千的《千里江山图》）。"
> 老师："是的，中国水墨画除了黑色还有其他的颜色。我们还没试过。"
> 小麦："其他颜色也会像墨汁一样变大吗？"
> 老师："水多的话，是的。"
> 熙熙："还有别的颜色的墨汁，我也想试试！"
> 老师："下次我们试试，用毛笔蘸其他颜色来画画。"

3. 多种形式体验

在集体教学活动中，教师给孩子播放了美术资源库中的文房四宝的视频介绍，又向他们推荐了水墨绘本，接着开始尝试握毛笔、在砚台上磨墨条、在宣纸上涂涂画画……

（1）深深浅浅的墨

第一次玩墨时，孩子们非常专注和小心，试着自己用毛笔蘸上墨汁来画画，画了很多线条和点点。但他们发现，每个人画得都不一样，甚至颜色也不一样。

图 4-4-7　幼儿研墨、创作水墨照①

———————

① 该照片是由上海市浦东新区锦绣幼儿园潘静超老师拍摄的幼儿在研墨、创作水墨画。

樱桃:"老师你看我画得黑不黑?我这是黑洞!"

二宝:"我画的是奥特曼!但是我的不是很黑。我加了水。"

樱桃:"加了水就不黑了!"

二宝点点头。

嘻嘻:"我是用水画的你们看不见我画的!哈哈哈!"

小来:"嘻嘻,你这样我们看不见啦。"

嘻嘻:"我自己看到了。"

小来:"等会你忘记了怎么办?"

嘻嘻:"那我加一点点墨汁吧。"说完嘻嘻在水里加了一点点墨汁,又描了一遍。

小来:"哇!好淡的墨!是你造出来的!"

嘻嘻很开心。

教师把大家画的线条布置在环境中,供大家来欣赏,孩子们你一言我一语说着自己的作品内容和颜色,非常高兴。

(2)吹墨

在多次画画后,孩子们开始创新的玩法。通过视频,孩子们看到了用吸管来吹画的创意,他们提出想用这个方法来试试。于是,在确保安全的前提下,孩子们开始尝试吹墨。

安之:"今天我想玩吹墨。"

老师:"可以啊,要用瓶装的墨汁吗?"

安之:"不,我想加点水,变得淡一点再吹。"

老师:"可以啊。你自己试试还是我来帮你?"

安之:"我自己来。"

阔阔:"我来帮你吧。我已经会磨墨了。"

安之:"不用了,我在墨里加点水就好了。"

阔阔没理会安之,自己磨起了墨。

过来一会,阔阔把自己磨的墨放在盘子里,走到安之旁边。

阔阔："你看我磨好了那么多墨，你现在可以用来吹了。"

安之看了看，没接过盘子。

安之："你磨的墨太黑了。我不要。"

阔阔被拒绝了，他很不开心，那是他磨了很久的成果。于是，他跑过来跟老师告状。

图4-4-8 幼儿研墨、创作水墨照①

阔阔："老师，她不用我的墨。"

老师："是你磨的吗？磨了很久吗？"

阔阔："对，但是安之不想用。我帮她，她没有谢谢我。"

老师："你有没有问过安之，她需要什么样的墨？你磨的墨是她想要的那种吗？"

阔阔没说话。

老师："磨墨好玩吗？"

阔阔点点头："好玩，水变黑了就能画画了。"

老师："是的，磨墨很有趣，但如果你想安之用你的墨，那你要知道她想要什么样的墨，刚才安之就跟我说，她要淡一点的墨。"

阔阔好像听懂了："那我再加点水，给她？"

老师："你可以去问问安之现在她想要什么样的墨。"

阔阔："好的。"

　　小班幼儿喜欢动手操作，就像阔阔，他很喜欢磨墨，在这样的机会下，他觉得既满足了自己想玩的想法，又能把成果当作帮助别人的材料，何乐而不为。何曾想他磨的墨并没有达到朋友的需求，被拒绝了，他很不解。在幼儿的思想中常被灌输"要分享""要帮助"这样的概念，但这个前提是建立在对方同意的情况下，不管是要分享，还是要帮助别人，都是要对方同意的。作为教师，应该用旁观者的角度来帮助幼儿懂得，尊重他人意愿，才是分享和帮助的前提。

---

① 该照片是由上海市浦东新区锦绣幼儿园潘静超老师拍摄的幼儿在研墨、吹墨。

（3）泡泡墨

图4-4-9　幼儿体验吹墨①

在第二周的户外游戏中，我们开始玩起了在墨汁中加泡泡水，这样吹的墨就会变成泡泡墨。泡泡墨和我们自己画的和直接吹的都不一样。在纸上会有泡泡的形状。这非常吸引孩子，他们都想试试。

丫丫："老师我想玩泡泡墨。"

老师："好啊，不过你要记住，吹泡泡一定要往外吹，不能往里吸哦。"

洛克："对！你一定要当心哦。不然嘴巴里都是泡泡墨汁啦。你会变成黑嘴巴！会中毒的！"

丫丫："我知道了。我记住了。"

洛克："我教你吧。"

丫丫在拿材料时，洛克一直跟着她，等她开始吹时，洛克也一直盯着丫丫，担心她会忘记怎么吹，把自己的嘴巴弄成黑黑的泡泡。

不一会丫丫完成了，洛克可以如释重负了。

洛克："丫丫你完成了呢！是我教你的对不对？"

丫丫看看洛克点点头："谢谢你一直提醒我"。

丫丫第一次玩泡墨，经验是不足的。但洛克之前就玩过，他比较有经验，因此洛克很担心丫丫会失败，再把自己搞得一团糟，他可不想自己的好朋友的嘴巴变得黑黑的，一直在旁边提醒丫丫。这份关心同伴的心情我们都很明显地感受到了。也许他曾经失败过，所以不想好朋友重蹈覆辙。我想，洛克的这份心难能可贵，因为他当时放弃了自己的活动，一直陪在好朋友身边，让我们都很感动。

---

① 该照片是由上海市浦东新区锦绣幼儿园潘静超老师拍摄的幼儿在体验吹墨。

图 4-4-10　幼儿体验吹墨①

后　记

伴随着书稿即将付梓,我们看到了教育部于 2023 年 12 月颁布的《关于全面实施学校美育浸润行动的通知》,明确强调"以社会主义核心价值观为引领,弘扬中华美育精神,坚定文化自信,以浸润作为美育工作的目标和路径……培养德智体美劳全面发展的社会主义建设者和接班人。"同时简明扼要地对学校美育工作提出了明确的要求和实践的方向——以浸润作为美育工作的目标和路径。

从教育形势来看,美育将贯通教育时空,浸润渗透于教育教学活动各环节,彰显时时、处处的美育育人功效。这是美育浸润的外显要素。

从教育目标来看,以美育浸润学生和教师的身心,提升师生的审美素养、陶冶情操、温润心灵、激发创新创造活力。这是美育浸润的内在机制,强化以美育德、以美启智、以美健体的育人功能和实效。

本书很荣幸在一定程度上回答了"以美育德"的现实可能和内在机制。

以美启智、以美健体的内在机制是什么?实操策略有哪些呢?这是我们的实践需要回答的问题,伴随着这些问题的厘清,五育融合才能真正得以践行。

同理,立德树人是教育的根本任务。本书在一定程度上拓展了立德树人的理论内涵和实践路径。那么,如何强化研究成果的推广辐射,特别是如何引领一日生活中的立德树人实践呢?换言之,审美立德只是立德树人的途径之一,我们还应进一步深化实践,强化一日生活中自然渗透德育,推动五育有机融合,发挥更大的教育价值和影响。

当然,我们还可以看到,无论是以美育为基点的五育融合,还是基于一日生活的德育契机捕捉与应对,都对教师的专业发展提出了更高的要求。这就要求我们在后续的实践中,着力于机制创新,多元并举,切实赋能教师,提升教师的课程领导力水平,从而为教育质量的提升,构筑最坚实的保障。